郭守敬

嗨！有趣的故事

Hi! Story

甯雨

中華教育

【出版說明】

在文字出現以前，知識的傳遞方式主要就是語言，靠口耳相傳的方式記錄歷史與情感表達。人類的生活經歷、生命情感也依靠著「說故事」來「記錄」。是即人們口中常說的「傳說時代」。然而文字的出現讓「故事」不僅能夠分享，還能記錄，還能更好、更廣泛地保留、積累和傳承。

《史記》「紀傳體」這個體裁的出現，讓「信史」有了依託，讓「故事」有了新的準則：文詞精鍊，詞彙豐富，語言精切淺白；豐富的思想內容，不虛美、不隱惡。選擇人物一生中最有典型意義的事件，來突出人物的性格特徵，以對事件的細節描寫烘托人物的情感表現，用符合人物身分的語言，表現人物的神情態度、愛好取捨。生動、雋永而又情味盎然。

「故事」中的人物和事件，從來就是人類的「熱門話題」。她是茶餘飯後的趣味談資，是小說家的鮮活素材，是政治學、人類學、社會學等取之無盡、用之不竭的研究依據和事實佐證。

中國歷史上下五千年，人物眾多，事件繁複，神話傳說與歷史事實並存，正史與野史交錯互映，頭緒繁多，內容龐雜，可謂浩如煙海、精彩紛呈，展現了中華文化的源遠流長與博大精深。讓「故事」的題材取之不盡，用之不竭。而其深厚的文化底蘊如何呈現，怎樣傳承，使之重光，無疑成為《嗨！有趣的故事》出版的緣起與意趣。

《嗨！有趣的故事》秉持典籍史料所承載的歷史精神，力圖反映歷史的精彩與真實。深入淺出的文字使「故事」更為生動，更為循循善誘、發人深思。

《嗨！有趣的故事》以蘊含了或高亢激昂或哀婉悲痛的歷史現場，以對古往今來無數先賢英烈的思想、事蹟和他們事業成就的鮮活呈現，於協助讀者不斷豐富歷史視域和深度思考的同時，不斷獲得人生啟迪和現實思考、並從中汲取力量，豐富精神世界，在實現自我人生價值和彰顯時代精神的大道上，毅勇精進，不斷提升。

【導讀】

郭守敬出生於蒙古太宗三年（一二三一年），字若思，邢州邢台縣（今河北邢台）郭村人，稟賦卓異，訥言敏學。

邢州位於華北南部，自太祖十二年（金宣宗貞祐五年；一二一七年）為蒙古軍隊佔領，一二十年間，在金、蒙古和南宋之間接連易手，戰亂不斷。及至郭守敬青年時代，忽必烈推進「邢州大治」，和平的曙光緩緩降臨。中原大地百廢待興，忽必烈不拘一格，選賢任能。歷經紫金書院的學習，郭守敬結交了一群熱衷實學、志同道合的師友，也奠定了他在水利、天文諸學科研究的基礎。

他自郭村的鴛水河進行河流考察，遍及華北廣大地區。扎實的專項考察，使他對於中國北方的水利工程、農田灌溉、水路交通胸有成竹。元世祖中統三年（一二六二年），郭守敬北上上都開平（今內蒙古錫林郭勒盟），向剛剛登上大位的忽必烈提出六項水利建議，從此他的一生再也沒有離開過「水」。西夏治水，修復引黃灌渠八十條，灌田九萬餘頃；實現永定河引水和白浮泉引水，解決了元大都（今北京市）城市發展和綜合供水的需要，奠定了北京城市供水的歷史格局；開通惠河，成為實現京杭大運河全線通航的第一人。

水利之外，郭守敬還精於天文和儀象。他改進並研製了簡儀、高表、候極儀、渾天象、景符、窺幾等一批具有世界先進水準的儀器，提議並親自開展中國歷史上最大規模的天文測量。他和王恂等一起花費三年半時間，編修了代表當時世界天文學研究最高水準的《授時曆》，繼承古術而「改正七事、創法五端」，準確安排各年閏月和二十四節氣，並精確推算日食、月食的日期、時刻與見食情況。郭守敬還製作過「寶山漏」、「大明殿燈漏」（又名「七寶燈漏」）等計時器。「寶山漏」使用廣泛，讓百姓生活生產有時可據。

斗轉星移，光陰永續，二〇一二年，中國科學院國家天文臺興隆觀測基地打造出世界上第一座大視場兼大口徑光學天文望遠鏡，這是中國自主創新研製的天文科學裝置，命名為「郭守敬巡天望遠鏡」，這一年他七百八十一歲。

中華上下數千年，天文曆法家和水利學家可謂群星璀璨，但在兩大領域同樣取得傑出成就者並不多見。郭守敬參與編修的《授時曆》在中國天文曆法中的崇高地位，受到中外學者所公認，他在科學技術上創造了許多「世界第一」，成為十三世紀，中國和世界上最傑出的科學家之一。

目錄

出版說明 002
導讀 004
蓮花漏圖紙 010
紫金書院 018
石橋記 027
布衣北上 035
西夏治水 045
大都水官 055
奉命修曆 065
量天之尺 073

四海測驗 080
授時於民 086
靈臺堅守 091
通惠煙波 099
歸去來兮 108
郭守敬生平簡表 116

蓮花漏圖紙

這天晌午，小守敬跟著爺爺郭榮到村外巡河。莊稼，荒地，矮林，墳塋，他一邊走，一邊留意著河堤周圍物事、地形的變化，心裏尋思著爺爺常念叨的那句諺語，不知不覺就說出了聲：「大旱不過六月二十四」。

郭榮乘機問道：「你可記得去年六月二十四是何天氣？」

「去年也下雨了，下得小，牛毛細雨，飄到村外的鴛水河裏，連點聲息都沒有。」郭守敬輕聲說。

「那你認為這諺語有什麼道理？」

「那天鄰居嬸嬸說，六月二十四是關公向龍王爺借雨磨刀的日子。我想過，六月二十四已經交大暑，大暑時節就愛下雨，若天天下雨，難道關公天天借雨磨刀？但我觀察，多數的諺語都很靈驗呢。」

守敬不過九歲，但他很用心，爺爺教過的課、說過的話，總是反覆揣摩。實在不明白的地方，才重新請教爺爺。

說來也巧，郭村這一帶，連續兩年六月二十四都有雨。今年入伏之後，久晴無雨，到了農曆六月二十四這天，頭晌太陽還毒花花地照著，黃昏時分，狂風捲著大塊黑雲而來，頓時暴雨如柱。雨後河水暴漲，守敬在爺爺帶領下，每天在村北村南順著鴛水河巡查，一來排查險情，二來實際了解地形、水流知識。

郭村地勢東北高，西南低，白白守著一條河，灌溉卻成問題。為此，郭榮年輕時曾導引河水順勢西流，使附近千畝旱地變成水田，父老們對他又敬佩又感激，尊其「鴛水翁」。

祖孫倆順著河堤走走停停，心思全在一個「水」字上。忽然，噠噠的馬蹄聲由遠而近，守敬愣了一下，而後迅速拉著爺爺的衣袖，閃進了路旁的莊稼地。

「聽聞馬蹄聲，不是來匪就是過兵。」這郭村所在的邢州地界，幾十年來，兵荒馬亂已經成為常態。

十三世紀初葉，金、蒙古和南宋之間戰事不斷，邢州為北上南下的咽喉要衝，兵家必爭之地，蒙古太祖十五年（一二二〇年）遭蒙古軍隊佔領。郭守敬出生時，邢州已屬蒙古國治下。

蒙古貴族慣於馬上征戰，對於所佔之地，殺人奪財，徵斂苛刻。老百姓日子過不下去，只好放棄土地和家園，四處逃難。邢州城裏，十戶人家逃走了七八戶，郭村的鄉親也有一半背井離鄉。

郭家祖上為名門望族，到了郭榮這一輩，家道中落。郭榮會觀天，能治水，通音律，懂術數。金人統轄時，地方官多次邀請他出山，都被他婉言拒絕。作為一個漢族知識份子，他內心充滿苦惱、彷徨。遭遇兒子、媳婦早逝的打擊，郭榮整個人更加枯萎，若不是要養育孫兒守敬，恐怕早已生無可戀。

年幼的守敬十分體諒爺爺，他從不貪玩淘氣，只要手邊有書就行。郭家有一套南朝畫家張僧繇繪製的《山海經圖》，郭榮乾脆拿給他當小畫書來玩。才三四歲的守敬，已能一一指認書裏的荒山大川、奇獸神鳥海怪等。七八歲時便對古代地圖著了迷，郭榮更特地找來《禹貢圖》、唐代《十道圖》等這些著名地圖，帶著他研究。

此外，郭榮還教守敬學觀星。五歲那年，守敬已能辨識幾十顆大星，到了八歲時，已學會了描繪簡單的星圖。郭家後院有個高高的土臺，每年春天，守敬都跟爺爺一起到村外挖來新土，維護這個祖上留下的簡易觀星臺。入夜後，在高高的土臺上眺望星空，觀察星星位置的變化，是小守敬最快樂的事。

郭守敬性情內向，跟同齡的村童在一起，他顯得既木訥，又笨拙。人家找他玩撞枴，他沒有興趣，找他玩丟沙包，他又不懂規則，時間一長，人們就悄悄議論，老郭家的孫子好像有點傻。

只有郭榮最了解自己的孫子，他認定守敬稟賦卓異，聰明好學，將來應成大器。每當夜深人靜，他便常常在油燈下端詳著可愛的小守敬：這麼好的孩子，不該跟自己一樣，窩窩囊囊地過一輩子。

郭榮沒有帶守敬離開郭村去逃難，其中一個重要原因在於這裏有不少朋友，這些人除了跟他一樣喜歡談古論今的鄉間儒生外，還有附近寺院的僧人，比如邢州城裏天寧寺虛照禪師和他的弟子子聰。有時郭榮帶著守敬外出訪友，偶逢雨雪天氣，也時有客人到郭宅烹茶閒話。在郭榮看來，這也是守敬學有所進的一種方式。

守敬雖不多言，但在人前恭謹有禮，燒水續茶，諸事妥帖。郭榮的朋友們都愛惜這個訥言好學的少年，談論學問，評點時局，自不避諱。在這些人中間，守敬最尊重虛照禪師，禪師也非常喜歡守敬。

說起來，虛照禪師與郭榮初次見面，還是有賴郭家的土築觀星臺指引。禪師有意修復天寧寺建於大唐初年的水殿「華池蘭若」，需了解水利之事，有人為他引薦了郭榮，告知「出邢州城西北三十里，郭村村北有高大土臺的，便是鴛水翁的宅邸」。兩人觀星臺一晤，竟如多年老友，天文地理、經世濟民的學問無所不談，從此常相往來。

可惜重修天寧寺的工程剛剛開始，邢州就遭遇大旱。上一年初冬，禪師帶著弟子子聽到山西雲中（今山西大同）一帶雲遊、化緣，一去半年多光景。

守敬和爺爺躲藏在莊稼地，馬蹄聲由遠而近，愈來愈清晰。騎馬人從河灣那邊轉過來，卻只有一人。守敬眼尖，遠遠的便認出來馬上的灰袍僧人，正是虛照禪師。

禪師歸來，守敬和郭榮乍驚乍喜，但不見他的弟子子聰和尚同來，守敬有點小小失落。

郭榮和禪師寒暄已畢，守敬上前施禮，打探子聰情形。

「呵呵，年輕人還是跟年輕人的心近呢。」禪師親熱地拍拍守敬肩膀，故意打趣。

「此次山西之行，子聰留在了雲中南堂寺。南堂寺是名剎，子聰在那裏讀書講學，視野大開。」虛照禪師以弟子前途為重，當即同意了子聰遊學的請求。

這位子聰和尚俗姓劉，名侃，字仲晦，邢州東靜安村人，原籍遼州。自幼穎悟過人，十七歲便到邢州節度使府中任令史，負責抄錄公文。虛照禪師到邢州之後，廣納良才，他聽說劉侃是個有大志向的人，便說服其在天寧寺落髮，掌書記之職。

郭榮帶守敬到天寧寺訪問時，子聰二十出頭，眉宇間透著一股英氣，談吐不俗。郭榮與子聰談論學問，竟成忘年之交，少年守敬更是仰慕他的放達不拘。日後，子聰和尚更成為守敬紫金書院求學時的授業恩師，他的學術精神影響郭守敬的一生，此是後話。

郭榮與虛照禪師久別重逢，免不了在西風晚照中登上觀星土臺一敘。

禪師歎道：「這次行走於邢州和雲中之間，千里之野，一派荒蕪，百里之村，盡無人煙。」

郭榮接過話頭：「幾十年間，邢州這個地方也沒有一個晚上可以睡踏實覺呀！」

「蒙古人只懂得馬上打天下，卻不知道馬上不能夠安天下。」

「三年前，這裏成了孛魯帶、啟昔禮的食邑之後，橫徵暴斂，老百姓都活不下去了。」說激動處，兩人不由黯然。

守敬在旁侍茶，見爺爺和禪師如此難過，忽然開口道：「您二老不用著急，我就不信這世道一個好官都不出。」聲音不高，卻像從胸腔噴薄而出，在兩個老者聽來，有如金石相擊。

禪師猛抬眼打量眼前的少年：高眺而單薄的小身體，似乎蘊藏著驚人的能量。郭榮也疼愛地看向孫兒，在守敬的目光中，他慢慢恢復了平日裏的淡然。

「大亂之後，必有大治。」禪師悠悠地說道。

守敬睡下之後，郭榮和盧照法師重置茶盞，乘夜敘談良久。臨別時，禪師從囊中取出一張紙，交到郭榮手上，說：「這是送給守敬的一份禮物。」

郭榮在月色中展開，竟是北宋科學家燕肅發明的蓮花漏石本拓片！真是意外之喜。郭榮曾無意中跟守敬談到過蓮花漏，這是一種計算時間的工具，設計極為精巧，因為各個部件都做成蓮花形狀，所以叫做蓮花漏。沒想到孫兒非常上心，多少次請求帶他尋找圖樣，可惜其製作方法早已失傳。在邢州，想找到當年的石刻也是徒然。

不料禪師居然帶回了拓片，他囑託郭榮一定要藏好拓片，待守敬再長大一些才能拿給他看，現下孩子只需安心修習，打好根基。說完便飄然上馬，趁長夜向著邢州城的方向打馬而去。

紫金書院

剛交子時，守敬就醒了。梳洗完畢，他跪別祖父郭榮後即刻出發。這天他要去紫金書院，師從子聰和尚（至元元年，即一二六四年，忽必烈下詔復其劉姓，易名秉忠）。這既是祖父的安排，更是守敬盼望已久的事情。

跟每次出門一樣，郭守敬預備了一些紙，還有測量河流用的繩子與木棍，上面都標注了刻度。當然，自製的觀星窺管也隨時掛在身上，就如同古代君子的佩劍一般。另外他還帶了竹篾、木料、刻刀、鐵絲等材料，打算閒暇時再仿製一遍蓮花漏和渾天儀。

夜空朗朗，繁星如瀑，郭守敬幾乎一路小跑。他內心格外舒展、自由，一路上不曾有過一絲的疲憊。

當晨曦燒紅了書院附近高高低低的山尖時，也為書院建築塗抹了一層熱烈的光影。郭守敬終於趕到目的地。

這所紫金書院距邢州西南一百四十多里，山深林茂，秀麗清幽，確實是一處求學的好地方。

守敬的到來，使原本安靜的小院即刻騷動起來，因為出現在大家眼前的這個人，腰佩窺管，行囊如山，那般與眾不同。王恂熱情地跑過來，替郭守敬卸下沉甸甸的行李，子聰和尚和他的學友張文謙也先後從房裏出來。守敬大禮見過子聰和張文謙之後，又與各位學子一一見禮。

金元之際，北方民間講學之風盛行，子聰和尚效力於忽必烈幕府，四處延攬賢才。三年前他的父親過世，他回邢州守孝，在此期間便著手創辦紫金書院，現在已聚集不少青年才俊。張文謙跟子聰是幼年同窗，也在忽必烈幕府做事，此時又回到家鄉協助子聰，同時在書院進修一些實用之學。此外還有子聰的弟弟劉秉恕也在此協助打理書院，又跟大家一起研究學問。

依守敬的學習程度，郭榮早已無力指導。在天文、算數方面，比郭榮更精進的虛照法師也經常被鴛水翁的寶貝孫子追問得啞口無言。兩位老人家正發愁要到哪裏為守敬找個更好的老師，恰在這時，子聰回到邢州。

子聰自己由儒而道，由道而佛，最後儒釋道陰陽農醫藝融會貫通。這個過程有師亦無師，因此他主張人人是老師，人人是學生。

在書院裏，子聰親自教授《詩經》、《尚書》、《易經》以及天文、術數，講解天下大勢，張文謙主講儒學、地理、算數，以及一些基本的文書簿冊知識。而郭守敬最喜歡的，是每十天，子聰都要擬出幾個題目進行討論，眾人海闊天空，暢所欲言，不用忌憚師生界限，唯道唯學而已。

因材施教是紫金書院的重要特點，隨著天才少年王恂、郭守敬的加入，子聰和尚新增了觀星和四六則演算的研習，讓學子們自由選擇。子聰請郭守敬指導王恂、秉恕等人學會了製作窺管。郭守敬的觀星小組還在紫金山的山頂闢出一塊空地，壘土為臺，用於觀星。一臺新的竹篾渾儀安置在土臺上，只一兩個月時間，觀星小組就找到好幾顆大星。

同時郭守敬、王恂、張文謙、張易的天文曆算水準也有了非常大的進步。

守敬比王恂大幾歲，在眾學子中年齡最接近，興趣也接近，張文謙便安排他們兩人同居一室。王恂原本是個心高氣傲的少年，當他發現郭守敬的天文、水利之學都高於自己，並且刻苦、謙遜，竟也產生幾分欽佩之情。

這天，郭守敬在觀星臺待到很晚才下山，此時眾人都已睡下，他輕手輕腳地走進院子，發現只有老師子聰和尚的房間裏還亮著燈，似乎在伏案寫著什麼。他想進去打招呼，又怕打擾老師思考，正猶豫間，子聰卻開了門，輕輕喊他。

「守敬啊，最近見你神思不定，有什麼困惑嗎？」子聰開門見山，讓郭守敬又驚又喜，原來老師早就發現他有心事了。

「老師，我近來重新研究那蓮花漏拓片，發現一片空白的地方應該有內容，但不知什麼原因沒拓上，這樣就很難復原蓮花漏的原貌了。」

「蓮花漏，你不是前兩年就仿製成功了？」

「我仿製的那件是依葫蘆畫瓢，只能說可以用，但不精不準。我想徹底釐清其中的道理，研製一件準確好用的蓮花漏。」

得知郭守敬的志向，子聰非常欣慰，他安慰道：「守敬，這事不必急於一天兩天，不如你再多讀讀古人關於刻漏的記載。我記得《周禮》、《夢溪筆談》中都有談及，我這裏的書你可以拿去讀。或者乾脆休息幾天，到山裏走走，對你有所裨益。」

老師的一番溫言細語讓守敬放鬆了許多，他感激地看著老師，孩子似的笑了。一身舊僧袍的子聰，卻掩不住骨子裏的儒雅俊逸、瀟灑不拘，讓守敬又敬佩又羨慕。這麼多天來，他還是第一次到老師的房裏呢。不大的屋子，除了一張床、一條桌案，最顯眼的就是書多，卻擺放有序，靠著床的牆上掛著一張琴。早就聽爺爺郭榮稱讚，子聰和尚學問好，多才多藝，作詩填詞也是高手。

在子聰引導下，郭守敬在眾多弟子中嶄露出卓越的聰慧與執行能力。加上張文謙、張易、王恂、劉秉恕，形成了一個更緊密的研究團體，子聰適時地另加指導，帶領他們探討一些更深奧的問題。此後劉秉忠（子聰和尚）、張文謙、張易、王恂、郭守敬便被稱為「紫金書院五傑」。

書院右邊有片坡地，長滿荊棘和雜草。學子們在此打草燒荒，圍堰整平，竟也一點點地耕作出一片像樣的梯田。張文謙為它起了一個名字——紫金園，園子每年種些耐旱的蔬菜，例如北瓜、南瓜、眉豆、莙薘、大蔥之類，一到夏天，霧騰騰一派翠色，既好看，還能解決書院大部份的伙食問題。

守敬和王恂兩人格外喜歡這片紫金園，受郭守敬影響，王恂也愛上觀察蜜蜂、蝴蝶、螞蟻、蚯蚓這些生物，小小菜園正好是跟小生靈們交流的地方。

這天傍晚，兩個人為了子聰老師新引種來的一種蔬菜產生爭執。守敬說是蘿蔔，王恂說像蘿蔔，但絕對不是，正巧子聰下山辦事回來，見兩個年輕人蹲在菜園裏嘀嘀咕咕，便走了過來。

子聰告訴他們這是蔓菁，也叫蕪菁，《詩經》裏的詩句「采葑采菲，無以下體」，葑指蔓菁，菲是蘿蔔。蔓菁和蘿蔔都是十字花科植物，但在這紫金山裏，蔓菁能越冬，蘿蔔則不能。

《詩經》裏的這首詩，郭守敬和王恂都熟悉，可是面對眼前水靈靈的蔓菁，兩人卻都沒能跟學過的知識連繫在一起。經子聰提醒，他們都有些不好意思。

子聰拍拍他們的肩膀，哈哈笑說：「蔓菁和蘿蔔就如同你們二人，性情不同，卻都是好學生。這兩種蔬菜不但能吃，還能治病，我引種的品種是西域朋友所贈，當地稱為恰瑪古，據說藥性比咱們邢州的厲害。到底能不能種成，等秋後看看！」

「邢州水土好，這恰瑪古一定能成。」王恂說。

「可惜這些年兵荒馬亂，那麼多好地都荒廢了。要是到處都像咱們紫金園開墾得這麼好，那就好了。」守敬忽然嘆息。

「會改變的。」子聰蹲下身子，一邊查看蔓菁的長勢，一邊慢悠悠地說：「蒙古人以馬上取天下，不可以馬上治天下。賦斂繁重、民不聊生的狀況不能長久下去。我已經建言總理漢南事務的忽必烈將軍，在邢州試驗新政，讓百姓歸於農桑，經營產業，這才是對國家最大的好處。」

「先生所言甚是。這邢州治理是否該效法周公？」不知什麼時候，張易和張文謙也來到紫金園。并州（今山西太原）口音的張易，一開口總是高聲大嗓。

「昔時武王為兄，周公為弟，周公思天下善事，夜以繼日，每得一事，坐以待旦，保周天下八百多年。」張文謙接過話，他的聲音寬厚、中和。

「金人、蒙古人都是蠻族，他們入我中原，殺戮、欺辱漢人，平白享受我們的物產。他們恃強凌弱慣了，能接受我們的古制嗎？」守敬說。

「他們文化不發達卻驍勇善戰，咱們漢人讀書多，心眼兒也多，人家還沒打過來，有人早就當了內應，也偏偏這宋朝皇帝一個個都那般無用。」張易總是容易激動，機靈的王恂悄悄衝他使眼色。

這時子聰站起身來，搓了搓手上的泥土，對大家的爭執，他似乎很感興趣。

子聰說：「這世間之事，往往人心雖以為得當，而事勢已不允許，也是不能維持的。古來朝代的興替不外乎這幾種情況，一是舊政權的遞嬗，或中央權臣篡竊，或地方政權入據；二為新政權崛起；三為異族入侵。大宋之政情，治政和軍事都弱，所以外族乘機進犯。對於老百姓來說，兵戈戰亂總是最大的不幸，而今大勢，如果蒙古最終滅宋，打天下容易坐天下難，他們最終要融入漢文化，推儒學、行漢法。」

子聰頓了頓，接著說：「我曾寫詩致友人馮世昌，其中有這樣幾句：『大中為體用時中，酌古宜今道可通。臨事若私先有礙，立心非正後無功。』大家想想是不是有道理。」

子聰說完，幾個人陷入沉默。郭守敬佩服老師的分析，心想，一定要多學本事，做個對老百姓有用的純德實學之人。

石橋記

初秋，子聰和尚接受安撫使張耕、副使劉肅邀請，準備前往考察邢州冶鐵和造幣事宜。馬上就要換季，張文謙跟子聰商量，不如藉機到邢州城選點布料，為大家置辦幾件衣裳。子聰說：「那你乾脆多帶幾個人，連過冬的被褥也添置幾套。守敬、王恂他們可以趁著這段時間休課，到太行山裏去考察邢州境內河流上游的情況。」

早飯後，師徒幾人匆匆上路，溽暑初歇，山風已經有些清涼，確實是趕路的好天氣。他們打算走山間小路直往沙河縣（今河北沙河）綦陽鎮，去看看那裏的冶鐵情況。張耕來信說，綦陽周圍山上的選礦場已經招募到不少青壯年，用不了多久，冶鐵爐就要重新點火了。

子聰一行人出書院剛走到紫金園，郭守敬和王恂便氣喘吁吁趕了上來。守敬背著行囊，懷裏還抱著一摞斗笠，根據今天早晨對雲彩和螞蟻的觀察，他斷定晌午以後會有一場大暴雨。

「守敬，我看你是被那個蓮花漏弄糊塗了吧。你看這響晴的天怎麼會下雨？」張易一邊說，一邊不情願地接過郭守敬遞過來的斗笠。

「這真保不準啊。久旱必有大雨，守敬可是會觀天。」張文謙哈哈一樂，直接把遞過來的斗笠戴到頭上。

子聰笑著問守敬：「這麼好的天氣，你怎麼斷定要下雨？」

守敬不知道老師是考校自己，還是跟張易師兄一樣懷疑自己，連忙認真地解釋道：「俗話說，『早霞不出門，晚霞行千里』。這朝霞是說早晨西邊天際出現的紅霞，可不是聚集在太陽周圍的彩雲啊。咱們這裏變天，一般都是自西向東來的，今兒早起，西邊有大片的紅霞。我還發現院子裏的螞蟻忙得厲害，成群結隊要搬家。只怕這場雨，西邊山裏會更大，若是引起山洪，連邢州城都得遭災。」

說著，郭守敬的眉頭蹙成了疙瘩，原本他和王恂計畫好，這次出門要在南太行來個從南到北的穿越，經過渡口川、路羅川、漿水川，直達邢州內西北部的最高峰不老青山，那裏是灃水主要的源頭。他預料大雨將至，兩個雄心勃勃的年輕人改變了主意，決定先跟著老師的隊伍走，等到了綦陽、朱莊一帶，看天氣再決定下一步路線。

到達綦陽鎮，太陽已經偏向西南，約莫到了未時，頭頂的天空藍得沒有一絲雜質。子聰師生一門心思趕路，連午飯都沒顧上吃，剛好路邊有家茶樓，原木色花格窗，簇新招幌上一個行草書的「茶」字，看樣子開張時間不長。他們進去要了一壺熱茶，就著自帶的乾糧，邊休息邊吃飯。

不一會兒，房間忽然暗了下來，守敬心裏叫聲「不好」，起身到門外，只見大團的黑雲，鴉群般地從西北方向壓來。風起，且越來越大，直把黃沙撲打進人的眼睛、鼻孔。銅錢大的雨點凶猛地砸到地上，撲撲地掀起浮塵，霎時，一場大雨鋪滿天地間。

此時邢州城裏也下起大雨，從太行山到大陸澤，甚至整個華北南部，都被大雨圍困。潦水、達活泉、野狐泉，邢州城北三條小河全部告急，而邢州境內最大的河流——大沙河也要滿了！幸好，雨終於在入夜之後漸漸停息，且山區雨勢較平原小，並未爆發山洪，瀝澇集中於邢州城周圍村莊。

這場雨更堅定了安撫使興修水利的決心，與剛剛從綦陽趕來的子聰、張文謙商議之後，官府貼出告示：秋後開始治理野狐泉、達活泉和潦水，向民間招募河長及領辦河工。

招賢告示貼滿了邢州城的東關、西關、南關、北關，又貼到了任縣、南和、沙河的大小村莊。人們議論紛紛，有人說，誰敢招惹蒙古人，躲著還怕闖禍呢，給他們當河長，一不小心腦袋都沒嘍。也有認識張耕和劉肅的人，對他們印象不錯，就說新來的倆官兒是漢人、儒者，都有廉潔公正的好名聲，他們一來，就恢復了綦陽的煉鐵，鼓勵流落在外的人們回家種地，這世道說不準要變好。

告示貼出三四天，陸續有人來打聽河工的事。張耕派人專門接待，一一登記姓名、年齡和村莊，然而河長卻一直沒有人報名。

其實張耕心裏早有一個人選，那就是郭村大儒鴛水翁郭榮。為了興修水利，他們四處尋訪耆老，聽取鄉賢的意見，已經拜訪郭榮幾次。未雨之時，鴛水翁跟張耕一起到邢州城北查看地脈，反覆測量，斷定這裏確實有過一座石橋，還測出了橋的大概位置，並建議邢州治水而從這潦水、達活泉、野狐泉開始。山村草野竟有如此人品、如此博學的大才，張耕受到啟發之餘，深深感慨。

正當張耕猶豫著要不要去請郭榮出山時，老人家卻不請自來了。而他此行並非自告奮勇，而是替孫子郭守敬報名。這又在張耕的意料之外了。

郭守敬的才華，張耕也有所耳聞，但他畢竟初出茅廬，還是個半大小子。當河長可不是製作蓮花漏，跟玩似的，成敗無妨。但說來也巧，正當張耕在衙門裏陪著郭榮說話，不好直接駁了他的面子，更不能得罪這位治水能人時，外邊衙役來報：有人自薦河長。

自薦者正是郭守敬，他和王恂是在朱莊看到招賢告示。朱莊是澧河流經的一個重要村莊，再往山裏走，地勢陡然抬升，河面變窄，所以這一帶的河灣水流十分湍急，可謂其咽喉。

村莊裏的一紙告示，讓他們毅然取消了考察計畫。朱莊到邢州城六十里路，半天工夫郭守敬便趕了來。他沒有貿然到安撫司，而是先到城北實地考察。

有位老者正在放羊，郭守敬走上去與他攀談。老者說，他父親在世時經常說起，達活泉上曾經有過一座古石橋，修得很漂亮，玉石欄杆上雕刻著雲紋，欄柱上蹲著小獅子，可惜當年被洪水沖毀，現在已經連影子也找不見了。如今天旱水緩時，人們就架漫水浮橋，以便通行，但一旦洪水來臨，浮橋登時沖毀，任誰也沒法子。年年都有淘氣的孩子下去捉魚、洗澡，玩著玩著就到了深處，再也回不來，羊、豬掉下去淹死的也不計其數。

告別老者，郭守敬又到附近村子打探情況。年輕的說，邢州城北從來就是這個樣子，水不深，冬天結冰都結不實，可能底下住著狐仙，隔一段時間就得拉個活物下去作伴。年長的，跟放羊老者提供的訊息差不多，但是打聽古石橋的位置，都說不知道。

守敬當即決定親自涉水勘察，他認為老者提供的石橋線索非常重要，如果石橋真的存在過，位置應該就是達活泉和野狐泉、潦水交匯的中心點。因舊謀新找到這個中心點，復建石橋，然後該疏的疏，該堵的堵，難題必能迎刃而解。

處暑時節，河水不太涼，不必準備太多的東西。放羊老人年輕時捕過魚，家裏有條連腳羊皮褲，聽說郭守敬要到水中去尋找古橋遺蹤，老人家執意提供皮褲。守敬又請人把他在南關集市上買的皮鞭稍，一條一條接起來，繫在腰上，另一頭由村裏兩個熱心的年輕人緊緊拽著，開始下水。

第一次入水，他徒手從北至南朝著北城門的方向行了一個來回，在水深流急處，提氣鳧水而過。他行得很慢，細細觀察著各處水流變化、小漩渦等細微情況。第二次入水，他攜帶了標好刻度的長竿，憋氣潛入水最深的地段，設法進行栽竿測量。第三次，他攜帶了一把鋼　和一個袋子，進行水底取泥。

連郭榮都沒有想到，自己的孫兒見到張耕安撫使時會是那樣一副沉穩、自信的模樣。他為這位邢州大員帶來了實測的數據，分析石橋位置的泥樣，以及築壩、斷水尋橋的建議。守敬的話不多，但每一句都是不疾不徐，有理有據。

秋末，三條泉水的水位自然下沉，這為尋找古石橋提供了很好的契機。經過郭榮等耆老鄉賢判斷，以及郭守敬實測認定的位置，眾人很快挖出一片玉石欄板。隨著挖掘面和挖掘深度擴大，斷裂毀壞的橋石陸續出土。

郭守敬被安撫司正式聘為副河長，總領治理工程的技術工作，河長則由地方長官李質擔任。為此，守敬向子聰請假三個月。子聰甚是高興，作為一個鑽研實學的年輕人，紫金書院讀書十載不嫌多，可這樣實實在在的鍛鍊機會，有了一次便終身受用。

初冬，離動工僅四十五天，一座新的石橋赫然而起。由於採用了郭守敬「因舊謀新」的策略，凡是古橋上尚可使用的石料都用於新工程，節省了大量的材料、人工，也大大縮短了工期。守敬建議，所有河工可以以工代賦，根據出工量減免來年的各種捐賦、雜稅，張耕一一應允。四百河工，吃住於工地，挖河清淤，挖塘築堤，幹得熱火朝天。

百年不治的潦水、達活泉、野狐泉，在新年到來之前各歸其流。通過新修的石橋，人們自由來往於城市和鄉間。

大文豪元好問聽聞此事，專門作〈邢州新石橋記〉以記之。

這一年為憲宗元年（一二五一年），郭守敬二十歲。

布衣北上

書院一別十載，郭守敬無時無刻不處在「北上」還是「南下」的煎熬當中。

當年「書院五傑」，除他之外，全部成為忽必烈政權的樑柱。子聰和尚自不必說，自從蒙哥登上汗位，忽必烈統領漢族地區事務，所有「漢法」莫不由他謀劃。張文謙也是漢臣中數一數二的人物，忽必烈登極，即刻封其為中書左丞。王恂十八歲陪侍真金殿下，二十六歲升為太子贊善。張易作為推行漢法的重要參與者，此時已擢升燕京行省參政。

這十多年間，郭守敬沉潛天文、水利、算數諸學，邢州治水小試牛刀之後，又對澧河、滏水、漳水等華北南部水系進行多次踏勘。他多麼想有朝一日能夠施展自己的滿身才學。

對於寶貝孫子的未來，郭榮心裏早有盤算。郭守敬和張易、王恂一起在紫金書院讀書，滿腹才華，但他自幼內向靦腆，不善交往。陪太子讀書，他一定不如王恂伶俐、周全；做封疆大吏，也不如張易具備快刀斬亂麻的果敢和剛硬。至於行軍打仗，只有張文謙那等文韜武略者，方堪為大用。

正如子聰和尚所言，「守敬是只專門鑽水利和天文的蟲子」，這隻「蟲子」出山，需要慢慢等待天時。

天時，說來也就來了。

在遙遠的燕京城（今北京市），因為一件出色的計時儀器，「郭守敬」三個字已經引起忽必烈的關注。

這天，中書左丞張文謙自大名前來獻寶。張文謙所獻之寶並非別物，而是一件據稱非常精準的計時儀器，名喚「寶山漏」。春節之前，張文謙快馬傳書，繪製寶山漏圖形，並詳細介紹了這件寶物的功能。忽必烈指揮大小戰役無數，時間觀念甚是強烈，因為更漏不準而失利的事，讓他耿耿於懷。多年前，他就暗中派人四處尋找宋人燕肅所造蓮花漏圖的下落，而今邢州民間有人在燕肅蓮花漏的基礎上改進創新，製造出計時神器，忽必烈能不歡喜！

眾武士將寶山漏抬進大殿安放停當，忽必烈起身仔細打量這件由上好銅材製成的神器，王恂、太子真金和皇后察必也圍攏來觀瞧。張文謙一一講解主要組成部件——上匱、下匱、渴烏、受水壺、退水壺和減水盎的用途。

武士取來淨水，忽必烈命張文謙立刻注水演示。所有人不由屏住呼吸，大殿之內只有寶山漏上匱滴水孔均勻漏水的聲音，清脆而美妙。

「張愛卿，這製作寶山漏之人，果真是那個邢州治水的年輕人？」忽必烈久久觀察寶山漏運行，十分欣悅。

「陛下，正是郭守敬。他不僅治理了邢州的潦水、野狐泉，也助微臣考察了大名府（治所在今河北大名）境內所有的河、溝、渠、道，繪製圖形，形成一整套治理方案。」張文謙答。

「真是巧思絕人！巧思絕人！這郭守敬一定要為朕所用！」忽必烈話語中充滿著激動。

一切都在張文謙的周密安排下順利進行，傍晚時分，鴛水翁郭榮出現在守敬臨時棲身的邢州天寧寺。

自從張文謙將郭守敬帶到大名府衙協助辦理事務後，爺孫二人已經一年多未曾相見。郭榮看到郭守敬臉膛曬黑了，肩膀也比原來寬厚了幾分，滿心的牽念一掃而去。而守敬也用心地打量著爺爺，過了這個年，爺爺就七十六歲了，雖說常年練習拳腳，身子骨比一般老人硬朗，畢竟年歲不饒人哪。

這次決計北上，為避免節外生枝，郭守敬聽從張文謙安排，沒有回家告別，而是一封密信將郭榮約到了天寧寺。想到自己此一行不知幾年能還，丟下妻兒和年邁的爺爺，悵然愧疚的情緒洶洶然湧上心頭，感情從不外露的郭守敬，猛然間跪伏在爺爺跟前。

夜深人靜，爺孫倆在天寧寺後頭的客房裏，拴了門，坐在炕上說話。良久，郭榮解開棉袍，從貼身衣服口袋裏掏出守敬打小就非常熟悉的那件陶塤，緩緩遞在孫兒手上，像是移交一件傳世之寶。今晚，他必須告訴守敬一個秘密。

在邢州往西幾十里的丘陵之間，散落著數座非常有名的窯口，盛產邢白瓷。郭守敬的父親自幼喜歡製瓷，稟賦甚高，窯主多次高薪請他去做掌窯師傅，都被郭榮攔下。但他少不了被一群同好叫去「玩泥」，三五日甚至十天半月地逗留在製瓷作坊裏。蒙古兵佔領邢州之後，上級軍官紛紛愛上邢白瓷，派兵鎮守各窯口。潰退的宋軍時而組織一次北上偷襲，一方面是不甘心失敗，另外還有一份私心，就是邢白瓷。有一次，兩軍小股部隊在窯口發生激戰，混亂中，守敬的父親及幾個村民被無辜殺害。得知噩耗後，守敬的母親便一頭撞死於家廟的樑柱上。

陶塤是守敬父親的唯一遺物，是他十八歲時親手燒製，生前經常帶在身邊吹奏。這麼多年來，郭榮教會了守敬吹塤，自己也在一些特殊的日子，坐在土觀星臺上吹塤。但他從來不跟孫兒提起這件塤的來歷，與其讓孩子在傷痛中長大，不如讓他多多學習本領。

郭守敬內向心靜卻豐富敏感，聽完爺爺的講述，他雙手托塤，長跪不起：「孫兒此次北上，遵循您和師長、師兄教誨，尋找施展本領的機會。即使在蒙古人手上為官，也絕不貪圖榮華富貴，更不會欺侮百姓、辱沒祖先。請祖父放心。」

「就讓這塤陪著你，保佑你吧。但願忽必烈真如劉侃所言，堪為一代明主，為蒙漢民族開百年盛世。」郭榮扶起孫兒，老淚潸然而下。

徒步出邢州地界，郭守敬的心總算定下來。到了趙州（今河北趙縣）城外，他用張文謙給的盤纏買了一頭兩歲的毛驢，在一家小店胡亂吃了些燒餅，喝了壺花茶，便立即趕路。

郭守敬的行李不多，卻件件要緊，有簡易的水利測繪工具、華北古代水系圖，還有自己做的繪圖本、幾冊古書。父親的陶塤，守敬也學著爺爺的樣子，藏在貼身的衣袋裏。他與張文謙約定在燕京相見時間是轉過年的五月十五，離現在還有十天才到春節，這小半年光景，正好可沿途考察大小河流、溝渠，尋訪鄉間耆老，了解近幾十年間氣候變化情況。

守敬一路北行，橫穿洨河、汊河、滹沱河、木刀溝、沙河、湧泉溝、磁河、唐河、小清河、大清河等大大小小近百條河流。正值嚴冬，河面結著或厚或薄的冰，河岸多年失修，水害肆虐過的印跡隨處可見。

郭守敬又是勘測，又是繪圖，走走停停，停停走走。有時宿在郊野小店，有時借宿於鄉野人家，中間還遇到兩場暴雪，不得不在定州和雄縣各逗留了十多日。到了涿縣（今河北涿州）境內已是仲春，千里冰河消融，遙遠的群山為平原上的河流帶來新生的雪水滋養。日影一天比一天濃重，空氣也有了絲絲暖意，就在這個時候，郭守敬第一次見識到了號稱「渾河」、「小黃河」、「無定河」的盧溝（今永定河），並首次進行沿途勘測、繪圖。此次測量為他日後主持開金口引水通漕，提供了非常重要的依據。

然而冥冥中，總有一股看不見的力量在跟人類開玩笑。中統元年（一二六〇年），北方遭遇大旱。中統三年（一二六二年）七月，多地接連上報雨雹砸傷禾稼，大片農田面臨絕收，華北產糧告急。

減租和水利農桑成為忽必烈刻不容緩之事，他迫切地要網羅水利人才，於是請張文謙傳信郭守敬，速速進宮。而此時郭守敬已在張文謙安排下，於房山、通州一帶考察河流，將燕京水系勘測完畢，製圖造冊，草成了一些治水方案，在開平城外候旨。

郭守敬曾多次在心中描繪過忽必烈的模樣，來到大殿，行過叩拜之禮後，他發現除了一襲黃袍和頭上戴的鈸笠冠，這位皇帝其實就是一副典型的蒙古中年男人長相。有些不同的是，眉宇中多了幾分睿智和開闊，還有幾分狡黠。

郭守敬本是內向之人，不善於與陌生人交流，但此刻他胸懷華北水利治理的議奏，有千言萬語需要傾吐。作為一介布衣，治水、觀星的本領能否得以施展，就繫於眼前之人的一念之間。守敬心裏不能不有點兒緊張。

好在忽必烈似乎與殿下的年輕人久已熟稔，也不拐彎抹角，直接就請郭守敬陳述踏勘華北水系的情況。

郭守敬成竹在胸，直陳水利六事。面對威嚴的蒙古大汗，他的口齒比任何時候都伶俐、清朗，條理分明：

其一，將燕京西北玉泉山的泉水引入金朝開挖的那條廢棄運河，可以溝通從燕京到通州的糧食運輸，這樣一年就能省六萬緡（古時成串的銅錢，一串為一千文）車錢。若在通州以南的藺榆河口徑直開鑿運河，由蒙村跳梁務至楊村（在今天津市西北），有規避淤淺、風浪和遠轉三大好處。

其二，引順德（即邢州，今河北邢台）城外的達活泉入城中，分三支東流，可灌溉城東的田地。

其三，澧河從順德東至古任城（今河北任縣），因泥沙淤積失其故道，淹沒民田一千三百多頃。若將那段失道的河修好，不僅民田可以栽種，且河水到小王村會合滹沱河，流入御河（即衛河），船隻也能通行無阻。

其四，從磁州（今河北磁縣）東北，滏水、漳水合流之處開渠引水，由滏陽、邯鄲、洺州、永年經過雞澤，合入澧水，可灌溉農田三千餘頃。

其五，沁河流經懷州（今河南沁陽）、孟州（今河南孟縣）地界，雖然還能澆灌田地，但其上游有漏堰情況。若引導其餘水東流，至武陟縣北，合入御河，其間也可灌田兩千餘頃。

其六，在孟州西面，黃河北岸開一條渠，引河水北上，經由新、舊孟州中間，順黃河舊道到溫縣，再向南重新歸入黃河，如此也可灌溉農田兩千餘頃。

郭守敬每陳述一事，忽必烈都點頭稱「妙」，待他毫無保留地將內心想法和盤托出後，忽必烈忽然站起身來，朝殿前分列兩旁的文武大臣們說道：「眾位愛卿啊，若擔任官職的人都能像郭守敬這樣，就是不白拿俸祿了！」說罷，當即授予郭守敬「提舉諸路河渠」一職。

郭守敬叩拜謝恩，他不知道「提舉諸路河渠」是個什麼官，但他明白，忽必烈給的這個職務如同一架梯子，登上去，距離施展才華抱負的機會就近了。

西夏治水

中統四年（一二六三年），郭守敬升任副河渠使。第二年，忽必烈敕令他和蒙古族官員唆脫顏赴西夏中興等路行省（治中興府，今寧夏銀川）考察黃河水利。

西出青銅峽，進入黃河河套之地，風勢頓覺硬朗。人們常說，「黃河九曲，唯富一『套』」，這塞外江南，五黃六月，正當禾苗蓬勃，田疇如碧，而郭守敬與唆脫顏的所遇卻讓人心情沉重。只見千里黃河灌區，渠幹堰頹，荒突突的四野遍生著芨芨草和菅茅。一路都是破衣爛衫者，有的拖兒帶女，有的夫婦相攜，紛紛欲過青銅峽。

唆脫顏派隨從打探得知，這些人都是當地農戶，有的人家是漢唐時便從內地遷移而來，有的則說土生土長的河西人。連年戰亂，灌渠失修，田地無從灌溉，生不出糧食，大家不得已棄家而去，沿路乞討。

晌午時分，郭守敬與唆脫顏在一家客棧打尖，忽然一群乞兒抬著一個老翁湧進來。他們不由分說，跪倒在地，每人手中舉著破邊缺口的爛碗或食盆，高呼：「青天大老爺，請賞口飯吃。」

唆脫顏見狀，忍不住要動怒。這些人說是要飯，實際上是攔官，這是犯法的。郭守敬悄悄拽住唆脫顏的袍帶，低言：「大人稍安勿躁，我來處置。」

隨即他輕步走到人群中，彎身將老翁攙扶起來，安置到裏間炕上，並吩咐隨從帶大傢伙兒到院子裏等候。接著取出一點銀兩，找來客棧夥計，請他們無論如何設法熬些粥飯。

這些乞兒倒也好安撫，他們本就不想鬧事，只是餓極了，想圖一碗飯，給老翁討點看病的錢。聽客棧一個夥計傳信，說客棧裏來了京城的大官，才甘願冒險。

老翁複姓拓跋，也沒什麼重病，這幾日逃荒路上收留了一個回族孤兒，討飯不容易，有一口飯還總留給孩子吃，以至飢餓成疾。郭守敬讓人給他餵下一碗米湯，過了半個時辰，老翁終於有了一些氣力。

原來拓跋老翁是唐朝屯墾者的後裔，家住青銅峽附近的一個農莊裏。老翁說：「自西夏滅亡，這裏歸屬蒙古汗國之後，官員蔑視農桑，不但不修復戰爭中破壞的水利工程，還試圖把這原本一大片的魚米鄉改為大牧場。水利失修，灌渠廢棄，禾苗焦渴而死，種地不如不種，老百姓只能流離失所。」

素來朝代更迭，政權紛爭，戰火刀光之下，最倒霉的總是黎民百姓。郭守敬聽著老翁講述，不由想起自己的家鄉邢州，淚水濡濕雙眸。

見這拓跋老翁談吐不俗，郭守敬抑制自己激動的情緒，又慢慢向他探問灌區的情形。老翁說，這西夏之地的黃河，由西南向東北形成一個馬蹄形大彎，切出黑山峽、青銅峽和三道坎，到銀川一帶在泥沙沖積下形成平原。這段黃河六百多里，河槽穩定，水流平緩，史上很少氾濫。秦漢以來，歷代屯墾、遷民，有「塞上江南」之譽。

郭守敬打開行囊，將剩餘的乾糧、盤纏捧出送給老翁、孤兒，還有幾個拖兒帶女的婦人。沒想到離開客棧剛行不遠，又有一群難民不知道從哪兒冒了出來，祈求施捨。行三五里，又是一群。

郭守敬此時已經囊中空空，只能歉疚地向大家作揖：「朝廷會眷顧大家，一切都會好起來的。」

人們團團圍住郭守敬，跟他大吐苦水，請他就地賑災。幸虧身強力壯的唆脫顏和隨從一起把他「解救」出來，幾個人幾乎是狼狽地逃離。即使如此，郭守敬也沒有忘記向著難民們遙遙揖別。

引黃古灌區不僅是民生所繫，也是歷朝歷代的軍事戰略所繫。這片鑲嵌於河西走廊邊緣、大漠高山之間的綠洲，對漢唐盛世的形成作出過重大貢獻。到了宋代，版圖不大的西夏王朝，依靠古灌區滋養，創下存活近兩百年的奇蹟。

此來西夏，儘管忽必烈只是敕令郭守敬考察水利、繪製圖形，但他已經意識到，考察僅僅是恢復水利農桑的一個序曲。

忽必烈奪位稱帝之後，與兄弟阿里不哥展開了長達五年爭奪權力的戰爭。戰爭需要最近便的糧倉，他在華北平原推行「漢法」改革，並推及長江以北的廣大地區，與此同時，也把目光轉向這個西北大糧倉。

當國家戰略與民生繫於一脈時，便是老百姓的福祉，郭守敬願意將平生的本領獻給這塊與家鄉邢州遙相呼應的土地，獻給這裏的蒼生黎民。

此次西夏之行，名義上唆脫顏為正，郭守敬為副，但實際上唆脫顏對治水之事一竅不通，樂得當甩手掌櫃，一切全由副河渠使做主。所幸西夏中興等路行省郎中董文用，對復興古灌區水利之事很上心，在郭守敬和唆脫顏到來之前，他已派出數路人馬沿唐徠、漢延等古幹渠展開考察。

董文用對郭守敬這位以布衣身分朝見皇帝的年輕水利官早有耳聞，兩人見面長談，頓覺相見恨晚。

在董文用等地方大員支持下，用時兩個月的黃河河套水利考察還算順利。期間雖有忽必烈重臣阿合馬的勢力滋事作梗，終究也沒有激起多大的浪花。

這天，西夏古灌區圖已繪製完畢，快馬送往位於金蓮川大草原的上都開平。從中興府到開平，文書往來需要月餘，郭守敬和唆脫顏動身時，忽必烈親囑二人考察完畢後原地待命。於是郭守敬決定利用這待命的間隙，著手設計恢復古灌渠的藍圖。

轉眼進入八月，郭守敬草製的恢復古灌渠圖完成過半。這些天他幾乎跑遍了所有幹渠、支渠，凡關鍵處都自己動手丈量，對廢棄、損壞、淤滯變淺的地方，一一做了標記。他還常到村莊去訪問鄉賢，請教那些七八十歲的老人家。

董文用以中興等路行省名義發佈的安民告示也開始發揮作用，避亂、逃荒的老百姓，三三兩兩相繼歸來。城鎮裏，回回人、畏吾兒人、突厥人的店鋪在夜晚燃起燈火，村莊上升起愈來愈密集的炊煙。

八月末，中書左丞張文謙奉召前來管理中興路等西北要地，正式開啟「西北糧倉方略」，這讓郭守敬激動不已。

張文謙一到任，連夜召集唆脫顏、董文用、郭守敬，還有一些地方要員，討論郭、董二人草就的恢復古灌渠圖紙。張文謙為人剛明簡重，舉賢不避親，對於阿合馬之類的奸佞權臣毫不忌憚。大堂之上，他點名讓郭守敬第一個陳述。

經過數月考察，郭守敬對於恢復西夏灌溉系統早已胸有成竹。他說：「總體而言可用八個字概括，那就是：『因舊謀新，更立閘堰。』」

「何為因舊？何為謀新？」文謙問。

郭守敬將早已準備好的圖紙展開，掛在一面牆上，請張文謙等人移步看圖，對著圖紙一一闡釋如何「因舊」，如何「謀新」。

「這次西夏治水，大部份原有渠系都可利用，因渠制宜，疏浚整理。但關鍵取水口處的閘堰，由於黃河常年沖刷，毀壞嚴重，已經無法在原址修復。根據古來經驗，應向上游移位新建。」這位年僅三十三歲的水利官員，話語不多，但擲地有聲。

接著他又進一步解釋：「自古水利工程，以秋冬時節興建為宜，待工程結束，不耽誤第二年的農事。這西夏古渠，密佈如網，有幹渠、支渠，還有無數的斗渠。幹渠迎水堤導河水入渠後，每一定長度，臨河一側需修築溢流側堰。溢流側堰以下河段的渠堤上，再設置一至二處退水閘。在退水閘以下渠道上，為控制水量需建正閘。幹渠遇到高田得架飛槽，遇到排水溝需設暗洞。」

「我認為應該上報天朝，全部重修。」忽然，站在張文謙右首的唆脫顏搶聲說話。董文用和郭守敬幾乎同時心中一凜。

這位唆脫顏，前期整個考察過程幾乎不聞不問，現在站出來唱反調，說起來既在意料之外，也在情理之中。忽必烈治下，人分四等，第一是蒙古人，第二是色目人，第三是北方的漢人，第四是南宋王朝歸順的漢人。唆脫顏與郭守敬同在都水監任職，職位卻高於郭守敬，此刻他的反調，有幾分是對所有人強調自己的地位，也有幾分是在提醒張文謙、董文用等漢人官員。

唆脫顏開了頭，接著有幾位西夏本地的官員附和。然而當張文謙請他們一一說出廢棄舊渠另起爐灶的因由，一個個又支支吾吾，不知所云。

郭守敬乘機說：「工程浩大，關涉國家大計，切不可盲目，勞民傷財。請中書左丞大人三思。」

討論無果而散，但張文謙已經有了主張。三天之後，一份奏摺由快馬飛送忽必烈，在這份奏摺中，張文謙再次舉薦郭守敬。他提出西夏若要恢復自秦代開始的引黃灌溉傳統，使「渠皆通利」，農桑重振，百姓安居，工程總指揮非郭守敬莫屬。

忽必烈讓郭守敬和唆脫顏留在西夏待命，本就有此考量，看過他們呈送的西夏水利圖後，心中已然做出決斷。張文謙奏摺一到，馬上「准了」。

十月初，河汛已過，水流愈加平緩。治水總指揮郭守敬披掛上陣，工程第一役，即治理最長的唐徠渠。這唐徠渠長四百里，渠口開在青銅峽旁，為漢代舊渠，唐代大規模疏浚擴展後，招徠戶民墾植，故而得名。

疏浚唐徠渠之前，需要將取水口上移，這是成敗的根本之舉。

郭守敬帶人精心計算所需的石料、建材等各種物資，並到現場反覆勘測。他招募了一百名富有經驗的河工擔任修渠主力，並且將行李搬到工地，跟河工一樣在窩棚裏吃住。

拓跋老翁的名字也出現在河工名單裏，他堅決跟著「恩人大老爺」一起修渠。這位老翁是當地著名的把式，十幾歲就出河工。有拓跋老人相助，為年輕人講解修築迎水堤和退水堤的要領，以及如何立水尺，如何分水開渠口子，很快地造就出多數能手。

轉眼進入小雪節氣，西北風穿過空曠的河岸，聲如狼嘯，從騰格里沙漠方向吹來的沙子，肆無忌憚地撲打著工棚、工地，一呼一吸間，鼻孔、嘴巴裏全是沙子，每當開飯，人們不得不連湯菜中的沙子一起吞到肚裏。郭守敬想出一個辦法，依進度和施作品質為河工結算工錢，日清日結，而不像以往一樣論天計酬，按月開支。消息一出，大大鼓舞了河工的幹勁。

至元二年（一二六五年）春夏之交，中興州的唐徠、漢延，以及西夏其他四州的十條正渠、六十八條大小支渠，全部疏浚完畢。

趁著郭守敬逆河而上，尋找黃河源頭時，由拓跋老翁帶頭，在唐徠渠頭的唐正閘旁，人們悄悄為郭守敬立起一座生祠，感念他修渠治水的恩德。

大都水官

前往西夏治水之前，郭守敬先在燕京做了一件了不起的大事——開玉泉水以通漕運。

這天，忽必烈把劉秉忠、張文謙、郭守敬等招來議事。眾人坐定後，忽必烈說：「我打算重修金國留下來的燕京城，溝通華北與燕京的漕運。大家以為如何？」

劉秉忠沉吟片刻，站起身來微笑作答：「陛下，臣以為如此決策，甚為英明。如今北方戰事還在持續，為保證戰事所用糧餉，必須先將華北地區的糧食運至燕京，再北上轉運。要保證華北到燕京漕運的暢通，關鍵便是設法實現通州至燕京通航。」

「劉太保所言，切中要害。通州至燕京河道通航，有什麼好的辦法嗎？」忽必烈跟劉秉忠討論著，眼光卻轉向郭守敬。

不久前，這位年輕人向他面陳水利六事，其中之一就是將玉泉水引入燕京城。燕京這個地方，左環渤海，右擁太行，南襟河濟，北連朔漠，是個建都的好地方，唯一不足的就是缺水。因此郭守敬為這座城市引入新水源的奏議，正合忽必烈心意。

郭守敬出任提舉諸路河渠之職，一直等待著施展抱負的機會，忽必烈的決策讓他心潮澎湃。他取出隨身攜帶的圖冊，在忽必烈的案頭展開。這是他北上面見皇帝之前，根據張文謙安排，在全面勘察燕京周邊水利資源之後完成的，沒想到這麼快就派上了用場。

幾個人圍圖而立，郭守敬將他心中的規劃設想仔細地講說一遍。忽必烈眉開眼笑，就連劉秉忠也在心裏對自己的弟子豎起大拇指。

當即，皇帝下旨：開玉泉水工程，由軍隊將領寧玉統領，郭守敬負責勘察水源，設計藍圖，指導施工。

調度軍隊開河渠，興水利，是元朝的傳統。這寧玉本為水軍萬戶張瑄的部下，曾任盟津渡長，他是個急性子，而郭守敬內斂、沉穩，倆人配合，倒也妥帖。

接旨之後，寧玉總是催著郭守敬要施工圖紙，郭守敬卻不慌不忙，先後五次進山考察。圖紙定稿之前，他決定第六次進山，這一次，他約了寧玉。

這座離燕京最近的山，六峰連綴，逶迤南北，遠遠看上去形狀像馬鞍。進得山中，沙痕石隙之間，隨地都是泉眼，奇巖幽洞，小溪潺潺。

郭守敬向寧玉介紹：「玉泉山泉水原是清河的上源，非常甘甜。早在遼代，人們就開始開鑿燕京西北部的海淀臺地，使玉泉水與天然的高梁河相接，供應城區用水。金時，高梁河下游匯聚而為白蓮潭（元代積水潭的前身）。」

對照工程圖和實地勘察的情況，郭守敬向寧玉仔細講解：「開玉泉通漕工程分為兩段，一是從玉泉山至積水潭段；二是從積水潭至通州段。這兩段，前代都有規模不等的開鑿，所以這次開浚，關鍵是要了解玉泉山真實的水量，進行保護性治理。至於疏浚工程並不難，一方面拓寬河道，另一方面修造必要的閘壩控制設施。」

俗話說，外行看熱鬧，內行看門道，作為一名頗有經驗的河道官，當寧玉一踏入遍地湧泉的玉泉山時，已經對郭守敬有了幾分佩服。匯小流以成大渠，守敬的這份膽識，沒有踏破鐵鞋勘察驗證，是萬萬不能的。

到了中統四年（一二六三年）春天，開玉泉通漕工程第一段已經有了規模。忽必烈批閱進度奏報，大悅，即刻擢升郭守敬副河渠使之職，加授銀符。

之後，郭守敬受命至西夏治水，疏浚玉泉工程則由寧玉率領工匠和軍隊繼續進行，至元四年（一二六七年）完工。

在多數人眼中，郭守敬有點古怪，他極少穿戴官服，雖在都水監為官，卻很少看見他的影子。有劉秉忠、張文謙這樣的大靠山，卻不常走動，至於官員之間的應酬，他從不參與。只有當忽必烈一次次親自點將，請郭守敬出山從事各種重要的事情，或在朝堂之上對這位官職不高的年輕臣子不吝讚美之詞，並且不斷加官、封賞的時候，眾文武官員才會再次將有點複雜的目光聚攏到他的身上。

至元二年（一二六五年），燕京老城重建正在關鍵時期，新城規劃已經開始醞釀。大建設需要大量的建材供給，陸路運輸太慢，漕運能力也不足，各路分管工程的官員一個個成了熱鍋上的螞蟻。

從西夏治水歸來，郭守敬升任都水少監。帳殿之上，郭守敬亮出一個險招：「在盧溝上重開金口（位於今北京市石景山西部），引水通漕運！」一語既出，連劉秉忠都心中一驚。

或許包括忽必烈在內的蒙古人，並不熟悉盧溝的脾性，但劉秉忠知之甚深。近百年前，金人欲引盧溝通京師漕運，最終失敗的教訓，他研究過很多次。當時金口所在位置，河岸高出京城一百四十尺，相當於二十來間普通民房摞起來的高度。一旦決口，將如猛虎撲食，會讓城鎮毀於轉瞬之間。

而郭守敬又何嘗不了解這條喜怒無常的河？很小的時候，他和爺爺郭榮閱讀《水經注》時，就對盧溝留下較深印象。盧溝古稱灅水，發源於寧化（今山西寧武）管涔山，匯洋河、壺流河、嬀水，全長一千五百里，在塘沽入渤海。這條河的上游流經太行山、陰山、燕山餘脈、蒙古高原，海拔四千五百多尺，沿途植被、地形、氣候條件惡劣，土壤侵蝕嚴重。

中統三年（一二六二年），郭守敬第一次踏上燕京之地，列入他首批察訪名單的就有盧溝。他親眼看到盧溝嘶吼著，經官廳山峽躍入燕京地界，夾泥帶沙，怒濤翻滾，一路奔向門頭溝、石景山、豐臺、房山、大興，內心竟然澎湃著一股無可言說的激動和不安。

「善淤，善決，善改道，是這條京畿最大河流的品性。在燕京境內，自官廳（今河北懷來）至門頭溝三家店屬於上游。這一段長度只有短短兩百里，卻山巒疊嶂，溝谷縱橫，落差達到九百尺餘。從三家店出山，進入下游，形成古道洪沖積扇面。由於泥沙大量淤積，河床高出地面，決口、改道，十年九災，因此它也被稱為小黃河、渾河、無定河。」

大殿之上，郭守敬毫無保留地陳述了他對盧溝這條河的認識，以及重開金口的風險。接著他話鋒一轉，這樣說道：「盧溝的性情難以掌控，但歷史上在太歲頭上動土者並不乏其人。三國時期，在其出山口處即已修建引水工程，建戾陵堰，鑿山開車箱渠。北魏時期，幽州刺史修復戾陵堰引水工程，號稱為利十倍。金以燕京為都，將以灌溉為主的盧溝水與高梁河開發，轉向以發展漕運和保障都城供水、農田灌溉多種目的的綜合開發。金世宗批准引盧溝水通京師漕運工程，那次開金口的位置，就在三國車箱渠的水門附近，在金口安裝了閘門，稱金口閘。由於金口就在盧溝主河道，那段堤岸又薄弱，隨時有決堤危險，確實對燕京威脅很大，所以世宗野心勃勃興建的漕運，只存在五十天就結束了。」

忽必烈聽完，仰天大笑。他說：「不入虎穴，焉得虎子。郭愛卿，你就來做那個入虎穴擒虎子者，如何？」

入虎穴擒虎子，說起來容易做起來難。如同之前每一次工程一樣，開工之前，郭守敬都先進行反覆、完整的勘察。

這盧溝，從郭守敬第一次相見已三年餘。三年間，除卻在西夏的時間，郭守敬每個季節都要踏查兩三次，晴裏看，雨裏看，雪中看，旱時看，澇時看。有時他從平原溯流而上，有時又從燕京行至官廳，再一程一程折返。山裏路，亂石尖利，荊棘叢生，甚至幾乎沒有路。他猶記得，中統三年（一二六二年）深秋勘察盧溝時，鞋子第二天就磨爛了，從老鄉家買到一雙，又穿成稀爛。回到京城怕夫人擔心，趕緊在一家衣店賒了一身河工穿的衣服，方才回家。自那以後，郭守敬再赴盧溝，必定請夫人準備兩至三套衣裳、三至四雙鞋子。

皇天不負有心人，郭守敬單獨為盧溝的水文、地質勘測結果做了一個本子，以方便與歷史記載相對照。他反覆研究金代引水失敗的教訓，以及歷代興修水利的成功案例，比如四川都江堰分水魚嘴引水和飛沙堰洩洪工程，當然也包括西夏治水的經驗。

現在這條不馴的京都第一大河，在他的胸中已然平復、溫柔。他要拿出一個最合理的方案，請它以性情中最安靜寬和的一面，為京都建設開便捷之路，減輕陸路運輸給百姓和牲畜帶來的繁重勞役。

工程從至元二年（一二六五年）秋開始，只花了一年多的時間，依按郭守敬的引水方案，取水口上移至麻峪村村北、金代取水口的上游。在取水口左側築導水堤，引導河水入漕渠，經過三四里的引渠，河水才到達進水閘，同時又在金口上游預開減水口，減水口後開退水渠。引水工程還在玉淵潭附近設置了調節水庫，這個水庫不僅可以作為漕運碼頭，還能調蓄上游水量，以保證漕運供水的均衡。

金口漕河為元朝工作三十年，三十年間，作為漕運碼頭的玉淵潭也成了京都內景色優美的核心地帶，沙鷗融於波間，幽禽鳴於林際。

與萬象更新的元朝相比，金朝遺留的燕京城畢竟太舊也太小了。至元四年（一二六七年）正月，新的都城建設終於啟動。新城地址的選擇以及宮殿、官署、太廟、市場等綜合規劃，均由劉秉忠負責，而水利重任則落在郭守敬的肩頭。

「守敬，你這個水官啊，以後的任務恐怕不光是治水，更重要的是找水、用水！」足智多謀的劉秉忠或許從郭守敬面見忽必烈的那一刻起，就已預見自己這位學生下半生的事業，與大都水系設計和建設扯不斷的因緣。

浚玉泉、開金口、引水通漕，正好解決了建材運輸問題。而官民生活用水、皇家園林用水，也因著開玉泉水工程的提前完工，而顯得非常從容。

至元十一年（一二七四年）正月初一，大都宮闕初步告成，紅牆金瓦、斗拱飛簷、碧樹瓊花、金水環流，好不氣派。忽必烈在大明殿接受朝賀，朝賀禮成，忽必烈宴饗三品以上官員。郭守敬作為都水監，也參加了盛宴，並特許陪同劉秉忠劉太保遊瓊華島。

至元十三年（一二七六年），大都宮殿建設基本完成，至元二十年（一二八三年），官民正式遷入。自此大都成為規模空前的世界性大都市，大都建設以金水河、太液池等水利為基礎，堅持「得水為上」，將河流、湖泊治理融入城市建設體系，而後世也送給郭守敬一個稱號：大都水系總設計師。

奉命修曆

郭守敬無意中得到一個消息：朝廷要合併省內外各司，將都水監併入工部。百河待興，沒有一個專門的部門來經管此事，治水的事還能不能受到陛下和朝廷的重視？郭守敬這個素來不關心官場的人，也不由得惆悵起來。

沒過多久，郭守敬的職位果然有變，朝廷命他監修司天臺的渾儀。原因是忽必烈要啟動修曆。

京城裏傳言，皇帝下決心修曆，起因是在朔日見到新月。

蒙古族的風俗，敬天而畏鬼。至元十三年（一二七六年）春天，伯顏大軍到了臨安城外的皋亭山，南宋被迫投降，忽必烈終於從繁雜的軍政事務中擺脫出來，輕鬆地舒了一口長氣。五月之朔，他漫步後花園，正想約三五重臣飲酒為樂，驀然抬頭，卻見一輪新月高懸在西邊天幕，彎彎細細。

不是朔日嗎？怎見新月！忽必烈心中不由蹙起一個疙瘩。此事關乎天道，天道神祕而威嚴，縱貴為天子，豈敢有一絲一毫的不敬。太保劉秉忠在世時說過，天生異兆而主凶。轉眼間，他已經辭世兩年，這一定是劉太保在天之靈的警示。

對這些煞有其事的傳言，郭守敬一笑置之，在他看來，忽必烈的決策絕不會如此簡單。改朝換代，頒曆改元，古來如此。然而蒙古人自開國以來，戰事不斷，根本沒有精力顧及修曆之事。蒙哥登統未頒新曆，到了忽必烈稱汗，還是未行改曆之事。

若說起來，忽必烈對天文曆法並非不掛心。中統元年（一二六〇年），設立了司天臺官署；至元八年（一二七一年），又設立回回司天臺官署；至元十年（一二七三年），回回、漢兒兩個司天臺交秘書監統管，劉秉忠為建設新的皇家司天臺選定風水寶地，還建起圍牆，準備動工。可見修曆之事是逐漸進行，並非皇帝一時興起。

至元十三年（一二七六年）六月，忽必烈以元初承用的《金大明曆》有誤差，與天象不符為由，命太子贊善王恂和江南日官建太史局造新曆，又命樞密副使張易負責監督管理。自此，中國歷史上一項規模空前的天文曆法工作拉開帷幕。

無論如何，舉天之下盼望已久的修曆真的要開始了。郭守敬歡欣鼓舞，工作變動的煩惱暫時丟到腦後，匆匆到司天臺報到，迎接他的居然是老同學王恂，原來是王恂推薦他來監修渾儀。想起多年前一起在紫金書院讀書的情誼，郭守敬不由心頭一熱。

故友相見，份外親切，郭守敬卻不知道該說些什麼。他是個訥言之人，王恂比誰都了解，因此稍作交談後，他便差人帶郭守敬去查看那座宋皇祐年間（一〇四九—一〇五四年）汴京所造的渾儀。

掐指算來，這座渾儀已有兩百多歲了，看上去威儀猶在，如同一個身經百戰的老兵，正渴望再次披掛出征。守敬蹲下身子，一一檢測它的多重環裝結構，從地平環、子午環、外赤道環，到黃道環、白道環和內赤道環、極軸。他撫摸著一個個零件，心裏充溢著對前輩天文學家的崇敬之情。儘管從儀器安裝在司天臺後，他已多次前來參觀研究，可是這一次意義卻不相同。他感覺每一個銅質的環都有生命，會呼吸，甚至在跟自己交談。然而它們真的太老了，他深深地搖頭，在心裏說著抱歉。

經過一兩天審慎查驗，他如實向王恂報告：「渾儀修造於汴京（今河南開封），與大都的天度（指周天三百六十五度）不符，比較測量南北二極，大約差四度；年深日久，八尺圭表已經傾斜，而一丈三尺長的圭石，表面也不平整了。」

王恂是個出類拔萃的數學天才，精於天文曆算，但在天文儀象方面始終不如郭守敬。聽完守敬這番報告，心裏不由一驚。

「依學兄之見，這座渾儀還可以修好嗎？」

「修自然可以，但若想完成修曆大舉，就要進行高標準、大範圍的天象測驗，這恐怕不是一座兩百多歲老渾儀所能勝任的。在我看來，一方面要對現有的儀象進行維修，用於初期測驗，另一方面應馬上著手製造一座更完美簡便的新渾儀，甚至包括一大批更應手的儀器。」

郭守敬直截了當的回答，讓王恂陷入深思。舉薦郭守敬來監修渾儀，只是因為讚賞他的巧思。他的到來，一定能夠解決渾儀不能使用的棘手問題。至於是否要製造新渾儀和大批量天的儀器，是否需要守敬加入到修曆的工作，他還沒有來得及仔細考慮。

參與修曆的核心人物，很快又增加了前中書左丞許衡。第二年春，許衡奉召來到大都，這位幾度辭官的碩儒是因精通曆理而被王恂舉薦出山。

張易設宴歡迎許衡，許衡開口便切入正題：「冬至日各種數據的測驗，是曆之根本。而求曆之根本，關鍵是在於驗氣。」「周天運行的軌道如同圓環一般，從一點端點開始又回到這個端點結束。治曆之人必須以陰氣下沉陽氣上升的發端，作為立法之始。」

這一席話，郭守敬聽著那麼隨和，親切，入心。許衡總結前人經驗教訓，抓住「驗氣」這一核心問題來指導治曆工作，令人信服。

輪到郭守敬敬酒，他乘機說：「治曆之根本在於測驗，而測驗首先要有合適的儀表啊。」

郭守敬坐在末席但他的話馬上引起許衡的讚許。宴席結束，許衡等回到司天臺，繼續討論儀器製作事宜。郭守敬爽性把自己的研究情況和下一步設想，和盤托出。

原來這些年治水之餘，他一直在琢磨用於觀察天象的儀器模型——渾儀、景符、證理儀、渾天漏。仰觀宇宙之變，是郭守敬半輩子的志趣，而窺測天機必須先有儀器。他至今清晰記得，三歲時爺爺親手教他使用自製的窺管。十多歲時，在邢州老家，根據古書上的一幅〈尚書璇璣圖〉，他以竹篾紮製出一座儀器，放在後院土觀星臺用來觀測。而此〈尚書璇璣圖〉即是古代的渾儀圖。

「渾儀」是中國古代最早用於測量天體球面座標的觀測儀器，已歷一千四百年。它的外觀像個圓球，最基本構件是四游儀和赤道環。四游儀由窺管和一個雙重的圓環組成，窺管則是一根中空的管子。守敬小時候仿製的竹篾渾儀，只能說像是那麼回事，對於渾儀的研製僅僅是一個小開始。

現在郭守敬反覆閱讀了北宋沈括的〈渾儀議〉，並且得到金章宗四年一個叫做醜和尚的人向朝廷進呈的渾儀圖樣。對於古代渾儀因白道環的設置而遮掩黃道附近重要天區，以及口徑過大的窺管照準不確定性等問題，他深有同感，於是在沈括和醜和尚的研究基礎上進行改革。他正在研製一座一儀多用，既簡便又準確的新渾儀，並且已經接近成功。

聽了郭守敬這些宏大的計畫，王恂不由熱血沸騰，在座眾人也對這個平日低調寡言的人，肅然起敬。

至元十六年（一二七九年）二月，忽必烈敕令太史局改太史院，授張文謙為昭文館大學士、領太史院，總管修曆之事。敕令：「太子贊善王恂業精於算數，凡是日行快慢、月亮盈虧，五星（指水星、金星、火星、木星、土星）進退、隱現，早晨黃昏出現對應四季的星星，都由他推衍，升任遷太史令。都水監郭守敬穎悟天運之道，對於製作天文儀器有精妙研究，凡是儀象表漏製作，測驗日時，跟蹤日月星辰運行的度次，都由他負責，授予同知太史院事之職。」陰差陽錯，在紫金書院一起研修的張文謙、張易、郭守敬、王恂再度走到一起。

由此，郭守敬正式進入修曆的工作。

第二年二月，忽必烈賜給太史院白銀一千零八十七兩，用於建造司天臺和製造儀器。這是元朝為修曆撥付的第一筆大額資金。

有朝廷如此大力支持，以及一幫好友一起做事，郭守敬決心，一定要修一部超越古人的好曆法。

量天之尺

穀雨時節，太陽一升起來便含著幾分熱辣辣的力道。這天，郭守敬選擇了一塊地勢高朗、視野開闊、土壤乾燥的地方，與太史局雇來的木匠一起搭建木棚。他沒有穿礙事的官袍，而是一身精幹的短衣短褲，遠遠看起來和木匠沒有什麼分別。

在隨後一段時間裏，他將在這裏進行圭表和渾儀的改進設計，同時指導司天臺的人測量記錄晷影。

場地收拾停當，太史局派人運來大量的原木和光滑平展的石板條。郭守敬指揮著木工，先是從一大堆原木中挑選又直溜又結實的，鋸成平直的長板。有八尺、十六尺、二十四尺，還有四十尺的。接著又增派石匠對石板條進行裁切，標示精細的讀數刻度。沒多久，木棚旁邊的空地上就豎直地栽起一排木條，並在木板下沿著正南正北方向平鋪起石板。栽的木條愈高，相應的石板也愈長。

剛開始，木匠無法理解這神秘而繁瑣的活計，忍不住問：「那些木條和石板跟裁衣服下布料用的尺子差不多，一對一對栽在這空曠的高地上，有什麼用處呢？」

郭守敬很喜歡這個願意動腦筋的人，就耐心回答：「豎起的木條叫表，平鋪的石板叫圭，是用來測量太陽的影子。準確記錄每天正午時分太陽影子的長度，藉以推演冬至的確切時間，對國家大有用處。」

木匠又問：「那您擺放在木棚几案上的那些銅圈圈又是做什麼用的？」

郭守敬打量著他好奇的眼神，不由得樂了：「呵呵，那些是渾儀的零件，用來在夜晚觀測月亮和五星的位置。」

「大人，您又測量日頭的影子，又觀測月亮和五星，這不就是量天嘛！」

「量天！你說得有意思。咱們要改進的圭表和渾儀就是量天的尺子。」不善言辭的郭守敬也幽默起來。

這年郭守敬已經四十六歲，在木匠眼裏算得年高位重。他雖然想不明白測量太陽、月亮能有什麼大用處，但對眼前這位所有事情都親力親為的官老爺很是敬重。

在長期觀測中，郭守敬始終苦惱著：對於傳統圭表所投射的日影，很難精確測量。表身若是較短，影子也顯得短，量出來的影長出入就較大；但表太高的話，表身不容易穩定，端部的影子也虛淡而模糊。這次他要在多組圭表的對比研究中，解決這些歷來許多人想解決但始終沒有完美解決方案的問題。

至於渾儀，從一千多年前發明以來，從簡單到複雜，包括窺管和內環——四游環，內環之外還有重重套疊的好幾道外環，叫做六合儀，四游環和六合儀中間還有幾道環，稱為三辰儀。這些環圈都有一兩寸的寬度，人在窺管下觀測時，時常發生要瞄準的星星被某道環擋住了，實在是不方便。

這次受命修曆，郭守敬辦的第一件大事，就是改進和研製天文儀器。為了節省時間，他乾脆將用於研究的家當全搬進了工棚，書籍、工具、材料，左一摞，右一攤。有時候許衡、王恂、張易過來看他，連個坐著說話的地方都沒有。

在這個簡單的棚子裏，郭守敬重新研讀了前輩天文學家沈括、蘇頌、韓公廉關於圭表設計的文章。受他們的啟發，郭守敬將表的根部深深栽進土裏，又嵌入圭座，增加了它們的穩定性，即使颳風，晃動幅度也很小。

有一天忽然颳起大風，一根根木製的表在風裏輕輕搖晃。郭守敬站在一組圭表下出神，木匠也跟了過來，他是一位有名的巧匠，善於雕刻，總覺得木表光禿禿的不好看，就嘗試著雕刻了兩條龍。

「您看，幫這表裝飾兩條小龍可好？」

「幫表安上兩條龍？」郭守敬接過木匠手中的龍，又精緻，又巧妙，栩栩如生。這龍讓他忽然想起什麼，拉著木匠就朝工棚走。

在木匠的幫助下，郭守敬在表頂左右兩邊各裝飾一條小木龍，兩龍龍身下半貼在表側，上半身則伸出表頂，各以龍爪抓住一根橫樑，這就解決了影子長了會使影端虛淡的問題。為了讓圭面和表的橫樑保持水平，並便於校正，又在圭面上鑿刻兩條平行水溝，與南北兩端兩個小圓池相通，表的橫樑上也刻有一條水槽。

經過一次又一次改進，郭守敬終於發明四丈高表，並巧妙利用小孔成像原理，研製出配套的景符和窺幾，這些從設計、製作到投入使用，僅僅用了兩個月的時間。利用這些新的測量儀器，郭守敬於至元十四年（一二七七年）六月初五獲得最早的一個晷影長度。

渾儀的改造則花費較多時日，直到至元十六年（一二七九年）才完成。郭守敬經過幾十年研究，對渾儀上十幾道環圈的性能已經十分熟悉。前輩研製者一直在做「加法」，他卻千方百計想做「減法」，最終他做出一個大膽的決定，將層層疊套的環圈拆散，只留下赤道環和四游環兩個基本系統，並且各自設置，而將那些不必要，和作為支架湧動圓環統統捨棄了。

郭守敬並不知道他所製作的四丈圭表，標誌著測影器具的歷史性飛躍；他製造的窺幾，使測量月亮和恆星在中天時「影長」的夢想得以實現；而他改革渾儀研製簡儀，比歐洲人第谷發明的赤道測量裝置早了三百多年。

他的發明馬上運用到由南北日官參與的晷影、日月、五星測量。測量時間正式開始於至元十四年（一二七七年）六月，終於十七年（一二八〇年）正月，共計兩年半。這些測量成果為新曆法的制定提供了第一手資料。

至元十六年（一二七九年）春，郭守敬迎來修曆工作中第一個豐收季。此時距離張文謙進獻寶山漏，整整過去十四個春秋。還是在偏殿，當眾侍衛將十餘件天文儀表的模型一一抬入殿堂，安放在早已準備好的幾張巨型几案之上後，忽必烈震驚了。

初始簡儀、高表、景符、窺幾、候極儀、渾天象、玲瓏儀、仰儀、立運儀、證理儀、日月食儀、星晷定時儀，件件精妙絕倫。如果兩軍對壘，這就是諸葛亮的木牛流馬，是穆桂英大破天門陣的降龍木，現在，它們是專門等待他來檢閱的天降神兵。

忽必烈早年聽劉秉忠說過，在一千多年前就開啟了渾儀觀天的歷史。但他還是難以想像，那至高無上、神祕莫測的太陽、月亮和五星，就憑著這些會旋轉的球環，密密麻麻標著刻度的儀器，便可探知其間的奧祕。

就連許衡也是頭一次見到郭守敬製作的天文儀器模型一起亮相，他情不自禁以手加額，感慨道：「天祐我大元！似郭公這樣的人，這世上哪容易得來？嗚呼！其可謂千古一人啊！」

忽必烈拍著郭守敬的肩膀，一遍一遍高聲褒揚：「郭愛卿，巧思絕人！」

應忽必烈和眾人的要求，郭守敬一件一件講解、演示這些在常人眼中永遠精深莫測的儀器。從早晨一直到黃昏，大殿裏極為安靜，人們甚至忘記了吃飯、喝水。忽必烈從始至終精神十足。

郭守敬設計製作系列儀表的計畫，得到朝廷全盤接受和全面支持。忽必烈還任命來自尼波羅國（今尼泊爾）的匠人，大司徒阿尼哥主持郭守敬設計的諸天文儀器鑄造，並且負責這些儀器的外觀美化。

不久，太史院中新的司天臺建立起來，郭守敬離開工棚，遷入新的辦公地點。告別那些初期實驗用的圭表和各種廢棄的零部件，他的心裏還真有一點不捨。

四海測驗

至元十六年（一二七九年）春的那次召見，郭守敬和許衡、王恂等人向忽必烈提出了一項十分重要的建議：在全國設立觀測點，展開「四海測驗」。測驗的主要項目，一是各地的北極出地高度（即地理緯度），二是夏至時晷影長度與晝夜時刻的長度。

十三件天文儀器模型講解演示完畢，忽必烈意猶未盡。他是一位志向遠大的皇帝，既然眾臣說郭守敬已經研製出自古以來最精妙的儀象，那麼大元朝編修的曆法也應該前無古人。

許衡乘機奏道：「凡修曆，一為儀象，一為測驗，二者缺一不可。老臣建議趕快展開全國的測驗。」

「郭公意下如何？」忽必烈的目光越過張文謙、張易和王恂，信任地看向郭守敬。此時純德實學的郭公，在他的心裏已經是修曆大臣中，不可或缺的人選，無可替代。

「四海測驗，唐朝開元九年至十三年（七二一至七二五年）就進行過一次，由僧一行主持，從蔚州的州治橫野軍（今山西靈丘）到南方的林邑（在今越南境內），設置了許多觀測點進行測影，僅書上有記載的就達十三處。現今全國疆域比唐代要大得多，如若不分派曆官到各地進行實測，便無法明白不同地方的晝夜長短為何，日月星辰在天球上所處位置的高低有何不同。」郭守敬順著許衡的話，向忽必烈解釋四海測驗的意義。

幾天之後，忽必烈命令郭守敬在全國訪求精通天文曆數者。為了編修新曆法，一年之間，充實太史院的北日官，善書算、測驗者就達三十人，同時還有南日官若干。另外又在全國招收年輕的天文曆法人才。

過了幾天，忽必烈又下一道命令：「由郭守敬主持四海測驗，由上都、大都，經河南府（治所在今河南洛陽）抵南海，測驗晷影。」

四海測驗由忽必烈一錘定音，郭守敬又激動又欣喜。經過仔細規劃，郭守敬、許衡、王恂決定北至西伯利亞，南及南中國海，西抵川滇與河西走廊，東到朝鮮半島，設立二十七個觀測點，指派十四個監候官負責，開始進行規模空前的監測。

至元十六年（一二七九年）三月，郭守敬帶著新收的學生齊履謙先到上都開平進行日影測驗。開平位於蒙古高原的南端，冬長夏短，冬日白雪皚皚，天寒地凍，到了夏天則綠草茵茵，牛羊遍野，河流如織。每年暮春，忽必烈都要從大都啟程返回這裏避暑、辦公。這是一個繁華的國際性都市，作為一國之都，開平的數據自是不可或缺，更不可有任何差池。

緊接著，他們趕至大都。隨著忽必烈軍隊在長江以南的節節勝利，政治中心自然向這裏偏移，坐擁中原和江南，使這座城市在風頭上已經壓過上都。大都的測量完成後，郭守敬馬不停蹄地持皇帝敕令，即刻趕往河南府登封告成鎮。驛站裏的快馬和差役聽憑他的調遣，地方長官紛紛提供人員、食宿等。

郭守敬一邊親自進行實測，一邊指導常設觀測點的設立。在上都豎立起觀測儀表，又在告成設計並建立了觀星臺。等他到達廣州，準備乘船去南海測量時，已經是至元十七年（一二八〇年）的暮春。

這天，郭守敬站在船頭，凝望著海天相接的遠方，忽而生成的海風掀動他的衣衫，木船起伏顛簸，他也渾然不覺。此行的目的地是林邑，船上同行的還有他愛徒齊履謙。船底正在安睡著的幾件寶貝，正方案、丸表、懸正儀、座正儀，則是他們的全部家當，為晷影測驗所必須。

師徒二人曉行夜宿，車馬舟船，簡單說，就是為了測定林邑小鎮夏至日的晷影長度。按計畫，他和齊履謙必須趕在夏至日之前到達林邑。作為最南端一個測驗點，他們將在那裏展開北極出地高度（緯度）、晝夜時刻長度和夏至晷影長度的實地測驗。測驗夏至晷影，時間不等人，錯過了今年，就得等來年。而郭守敬深知，作為最南端的一個觀測點，林邑的數據在此次四海測驗中，多麼重要而珍貴。

敏行訥言的郭守敬，在天文方面是個有強大野心的人，以這次參與編修新曆為契機，展開一次前無古人的量天測地工程，則屬於其中之一。忽必烈帝國廣袤的國土，考驗新修曆法的普遍適用性，不以實測為依據，怎能完成一本前無古人的好曆法呢？他和王恂、許衡等一起精心挑選的觀測點，每兩個之間，緯度大約相差五度，這種合理而密集的安排，目的就是將各種差誤降至最低。

「修曆的根本在於測驗」，「先是精密測驗，接下來則是縝密計算推演」。在不同場合中，郭守敬都反覆表達他的主張，這些主張是他幾十年實踐的總結，也是從先人錯雜紛紜的治曆實踐中，撥雲見日，淬煉而成。

郭守敬從負責監修渾儀的簡單角色開始，脫穎而出，成為當仁不讓的技術核心人物，但他的內心絲毫沒有驕傲。

儀象的改革和製造，在同一地區對日、月及五星的多數據持續監測，以及對二十七個測驗點的同類數值測驗，這三個方面的工作，在他手中如同編織一件衣服所同時使用的三股線團，而他就是那個巧思妙手的編織者。從測量儀器的修正和研製起步，每件事情推進的速度相互依傍，又有先後、主次。從「一針」到「一行」、一個「編織片」，環環相扣，針針相連。在他的躬身操作和總體指揮下，所有繁雜的事情都變得那麼明快而從容。

王恂和郭守敬從所有測驗數據中，選擇最有價值的九十八組長度值，推算出庚辰（一二八〇年）冬至的準確時間為十一月癸丑日夜半後八十一刻半。差不多同一時間，郭守敬和南北日官還進行了關於冬至時，太陽所在恆星間位置的測量，月亮在一個近月點中運動狀況及其經過近地點時刻的測量，以及月亮正位在黃道上時刻的測量、關於二十八宿距度的測量，大都日出入與晝夜時刻的測量等。

此外，郭守敬還對五星運動的狀況、全天恆星的位置進行了詳細的測量。

不管身處塞北還是江南，每當夜晚來臨，星星點亮天幕，都是郭守敬最開心的時刻。星星或長或短的光波，或明或暗的表情，都是宇宙的語言，潛藏無數天道的祕密。他慶幸他是一個破譯祕密的人。

授時於民

至元十七年（一二八〇年）六月，新曆初成，忽必烈隨即召見張易、張文謙、許衡、楊恭懿（一二二七九年應詔入太史院，參與修曆）、王恂、郭守敬等人。

忽必烈對許衡、楊恭懿兩位碩儒禮遇有加，剛一進殿就趕忙賜座。他甚至親自將兩位老臣從跪拜的人眾中攙扶起來，又讓他們代表編修曆法的眾卿報奏。

先是許衡開場：「臣等研究了上古以來的四十多家曆書，而且勤勤懇懇地日夜測驗，既參考前人，又創制新的方法，因此得到的修曆成果，即使不是至為精密，誤差也已經降到最低。跟前輩曆家相比，自謂無愧。」

接著楊恭懿補充說明，他進一步闡述了四年多來如何參與古制、如何創立新法，對郭守敬改進、發明的測驗工具，簡要闡明特色和優點。精妙的儀器為好的數算推演方法打下了好基礎，而修曆者又以發展的眼光，推動曆法精神承接古人、超越古人。他總結說，此次修曆，可以上追黃帝以至三代，已經到了至高之境。

忽必烈一時高興，命人取來美酒佳肴，與編修曆法有功者連連碰杯。

「懇請陛下為新曆賜名。」王恂跪拜。

忽必烈撫了一下頭頂的鈸笠冠，朗聲大笑：「就叫它《授時曆》，眾愛卿以為如何？」

許衡等人趕忙跪謝。

楊恭懿道：「授時者，語出《堯典》：『堯命四子，敬授民時。』四子，是傳說中的羲仲、羲叔、和仲、和叔。堯命令他們掌管時令，制定曆法，宣告天下。堯是仁德賢明的上古之君，而今陛下開四海太平，亦何等大仁大德！『授時曆』這個名字好。」

郭守敬對曆書的命名也有研究，前朝曆法有《三統曆》、《四分曆》、《乾象曆》、《三紀甲子曆》、《元嘉曆》、《大明曆》、《皇極曆》、《戊寅元曆》、《麟德曆》、《大衍曆》、《宣明曆》、《紀元曆》等，名字得來，有的揭示天道運行規律，有的代表曆法特點，多數為皇帝年號。《授時曆》的命名，顯見是卓爾不凡。

不久，由太子師李謙擬《頒授時曆詔》如是說：「自古有國牧民之君，必以欽天授時為立治之本，皇帝以至三代，莫不皆然。」這句話一方面是昭告天下，由天子決定編修曆法，授時於民，自古如是；另一方面說明治曆的重要性，為「立治之本」。

及至郭守敬上奏，他只有簡簡單單一句開場白：「臣等私下裏聽聞，帝王之事沒有比修曆更重要的。」他是一個不會打官腔的人，這句簡潔的話語，貌似恭維，其實是發自內心的認知。自從工部奉調參與修曆後，郭守敬就本著這樣的認知，全心投入工作。

這個新興的王朝一直欠著老百姓一個可以信賴和依憑的曆法，無論是郭守敬、張文謙、張易、許衡、楊恭懿，還是雄心勃勃的忽必烈，全都心知肚明。如果從中統元年（一二六〇年）忽必烈登上汗位開始計算，修編曆法的時間整整晚了十六年。

戰爭即將結束，和平的曙光漫向每一寸土地，不僅農人要依時而種、依時而收，分工愈來愈細緻的五行八作，交通、驛館、軍隊、朝廷，無不需要年月日以至更精準的時刻安排。

大殿之上，郭守敬對《授時曆》的編修工作做了這樣的陳述：「修曆以來，一眾人等以觀測日月及五星運行規律作為修曆之本，並且以發展的觀點研究了一千八百多年間中國治曆史，對十三家曆法的優缺點一一做出評價，尊古而不泥古。在測驗方面，繼承並發展了前代大多數曆家所遵循的準則，不但重視當時實測的結果，也重視前人測驗的紀錄，不迷信，不盲從，甚至對許多所謂的定論，採取了寧可懷疑的態度。比如對於《春秋》所記三十七項日食記事中的若干項提出懷疑，自有曆法以來，沒有兩個月接連日食的道理。關於從平朔到進朔、定朔法的發展，則提出『古人立法，簡單而不縝密』等論述。」

這不是一次簡單的編修曆法，而是開創性的天文測驗推演。忽必烈在聽取總體情況後，又聽取了郭守敬對四年多時間裏「所正者凡七事，所創法者凡五事」的詳細陳述。

郭守敬和王恂等人大膽摒棄根深柢固的上元積年法，實現採用實測曆元法的歷史性變革，對於天文數據的表達則採用「秒而分，分而刻，刻而日，皆以百為率」的萬分法，都由實測而得，並至小數點後四位，即〇·〇〇〇一日或〇·〇〇〇一度。而在天文曆算中，採用了多樣的數學方法，發明類似球面三角法的幾何方法。

新曆頒行的第一個立春日，朝廷舉行迎春祭祀儀式，由王恂擔任主祭，進行上香、獻供、讀疏文等儀式。文武百官對句芒神行三拜九叩大禮，祈禱國泰民安，五穀豐登。大殿之前擺放一頭巨大的泥製春牛，忽必烈親自執鞭鞭打，並象徵性扶犁而耕。

「國以民為本，民以衣食為本，衣食以農桑為本。」王恂渾厚的中音在宏偉的宮殿之間，久久迴盪。

郭守敬的眼眶濕潤了，身為一個農家子弟，土地和莊稼如同至親的親人。十四年治水、五年修曆，他心中盼望的就是戰亂結束，人們回歸村莊和土地，過上安穩的日子。此時他有了一點小小的安慰，總算為老百姓辦了一點事，能給爺爺、恩師一個交代了。

靈臺堅守

郭守敬清楚地記得，至元十六年（一二七九年）深秋，太史院主體建築就快蓋好了。有一天，工程總負責人段貞邀請他和許衡、王恂查看施工情況。當看到四周院牆邊栽種的玉蘭樹時，許衡很是欣喜，他讚歎說，當初劉太保真是有眼光啊，太史院的選址上乘，連庭樹都事先栽種好了，等我們搬來這裏辦公，就可以春賞花，夏賞葉了。王恂也說，恩師一生喜愛玉蘭，這玉蘭樹，樹冠不大，不影響觀天測影，但花葉繁茂，花蕾還能入藥，真是好樹。

第二年，太史院蓋好，《授時曆》初成，許衡卻告病回鄉。至元十八年（一二八一年）春天，又是玉蘭花開時，王恂和許衡相繼病逝。王恂是郭守敬最親密的同學和合作夥伴，剛剛讓賢將太史令一職給守敬，沒過多久就撒手人寰，享年虛歲四十七。他的早逝，損失無可估量，郭守敬也陷入悲痛之中，肝腸寸斷。

多少年來，郭守敬幾度受到忽必烈召見，賞賜金銀，榮耀加身。但內心深處，他依然把自己當作一個普通的研究曆法的疇人，一條鑽研水利的「蟲子」。

新曆初成時，王恂和許衡對忽必烈說：「陛下敬畏天時，為民修曆，不能不至於精密，以為後世遵循。所以必須堅持每年測驗修正，積二三十年的時間來驗證其中的推演方法。可讓日官等人世代守著他們的職業，永遠不要改變。」

《授時曆》雖已頒行，但進一步測驗、修正和完善，至少還要二三十年之功。郭守敬必須繼續堅持研究推演，沒有退路，師友們四年五個月的心血，不能半途而廢。只有將《授時曆》的後續研究繼續下去，才是對逝者最好的告慰。

也是至元十八年（一二八一年），木蘭花謝的時節，郭守敬帶著學生齊履謙再次南下河南登封。

登封縣城東南二十五里的告成鎮古觀星臺，是郭守敬的心中聖地。至元十六年（一二七九年），赴南海林邑途中，他第一次來這裏拜謁。

告成，即古嵩州陽城之墟。此處有一石跡，傳說是當年周公測影臺，臺高一丈二尺，周十六步，可容八席。《周禮》上說：「大司徒用土圭（圭表）測量日影，以尋求地中，建立王國。冬至日正午日影有五寸的地方，就是地中。」唐開元年間在這裏立圭表。宋代重建，增高七尺。

郭守敬提醒自己，讓心沉靜再沉靜。他和齊履謙師徒二人，對周圍山川形貌、河流走勢一一訪查記錄。在古臺旁，他們點燃香燭，向先賢遺蹟行叩拜大禮。

郭守敬已經上奏請忽必烈批准，在古臺之北築三十六尺的高臺，樹立儀表，並在古臺和新臺之間建一周公廟，年年祭祀。他提前將銅質高表的設計圖交給工部尚書那懷，也請大司徒阿尼哥對高表的銅環以及各種裝飾進行細緻的指導。周公廟碑的碑文，就由河南憲史李用中執筆。

將尚未齊備、完善的天文儀象繼續製作完成，開展必要的監測工作，是郭守敬繼任太史令之後的首要任務。而在親自督辦告成鎮的高表、廟宇之事的同時，他著手進一步改進簡儀。

起初為了製作方便，較快投入使用，以滿足編修《授時曆》的緊急需要，郭守敬指揮木工們製作了初始簡儀、候極儀和立運儀。但他總感覺三件儀器分用，既佔地方，又笨拙費力，於是琢磨著要造一座更先進的簡儀。幾經改進、試驗，到至元二十六年（一二八九年）三月，郭守敬終於鑄造出一座理想中的渾天儀。它是初始簡儀、候極儀和立運儀的組合，也就是今天稱為「簡儀」的天文儀器。

至元十九年（一二八二年）二月，郭守敬奏請忽必烈批准，對太史院內的靈臺進行修繕，同時請阿尼哥對已經製作完成的天文儀象再作修飾。

至元二十一年（一二八四年）六月，郭守敬遣人分道尋訪，測驗晷影、日月交食、曆法。

至元二十二年（一二八五年）三月，郭守敬又遣太史監候張公禮、彭質等往占城（今越南境內）測候日晷。

獨自執掌太史院的日子，郭守敬把自己變成了一個工作的陀螺，或者乾脆就是一顆行星，以日月、五星測驗，儀器研製和《授時曆》後期理論總結、著述為中心，一天又一天旋轉著。

至元十九年（一二八二年）春天，郭守敬的學兄張易因捲入阿合馬一案，被誅殺於市。這一年臘月，南宋抗元名將文天祥在大都就義。

轉年，張文謙在樞密副使職位上病逝。

王恂、許衡的辭世給郭守敬的打擊，更多出於對大德大才之人的疼惜，對天文事業的憂慮。而兩位學兄，特別是張文謙，如師如兄，舉薦扶持，恩重如山，他們的相繼離開，讓郭守敬悲痛不已。

文天祥與郭守敬年紀相近，一個生於南宋治下，一個生於蒙古國統治的地盤，兩個人的人生道路是那麼的不同。郭守敬敬佩文將軍捨生取義，為了心中的堅持寧折不彎，他憎恨南宋王朝的腐朽、軟弱。可是為元朝廷服務的人們，不也在為吏治中的種種專斷、愚昧、內耗而無謂犧牲！

郭守敬經歷著情感上一次又一次強烈打擊，他的世界裏，久久纏繞的是呼嘯的寒風和一層層謝落的玉蘭花。

他的家就在京城，裹藏在鬧市深處，但他很少回家了，那裏太繁華，酒肆妓館深夜的笙歌讓他不勝其擾。大都，已經是一個奢華的國際大都會，各種膚色、各種語言，在這裏交融碰撞，旅行者、投機者、享樂者出沒於煙花柳巷。

自從太史院的司天臺——靈臺修建完畢，郭守敬便將儀器製作、天文觀測的場地改在這裏。他很喜歡這個既安靜又做事方便的地方。

在靈臺第一層朝南的中室，是太史院的官署，他辦公用的書房在最好的一個房間，旁邊是同知院事、次僉院事、主事、令譯史、幹事等，另有議事用的兩間大房子。負責推算、測驗、漏刻的三個部門分佈於東西兩側的朝室和夕室，後邊的陰室作為庫房。靈臺中層是開展天文曆法研究的場所，放置著若干天文儀器，用於測量和演示，還有天文圖和曆算書籍，按八卦命名，分別為離、巽、震、艮、坎、乾、兌、坤八室。臺顛，也就是第三層，是靈臺的頂部平臺，為天文觀測和曆書編輯場所，設簡、仰二儀，仰儀在南，簡儀在北，正方案敷在簡儀下。

素日裏，官署書房很難見到郭守敬的身影，他不是親自外出監測，就是在二層或三層與那些日官、靈臺郎、監候官、挈壺正、司晨郎一起工作，討論推算、監測中的各種問題。

入夜，多數人回城，只有監測、漏刻兩個部門留下值班者，繼續進行對星體和時刻的測驗，整個太史院更加寂靜。這時郭守敬多半會在靈臺的頂層長時間逗留，他運用簡儀進行了全天星官赤道座標的測量，測量數量遠遠超出二百八十三星座，一千四百六十五顆恆星的傳統星官系統，創下中國古代恆星位置測量的歷史紀錄。

郭守敬在太史院的科學研究，像一條新拓出的小徑，崎嶇不平卻散發著清新迷人的氣息。當郭守敬的研究一點一點向著科學的高處行進時，大都的占星術者也很是活躍。

大都占星之盛與蒙古族的信仰有關，這個源於呼倫貝爾大草原深處的民族，信奉薩滿，迷信占星。隨著大都地位的確立，民間占星者和預言家湧向這裏，他們中有基督教徒、色目人和漢人，總數不下五千。其衣食乃由忽必烈的朝廷供給，生活無憂，可以全心研究法術。他們也有自己的觀象儀，上面畫有星宿的符號、時間及其全年的幾個方位。這些人從星圖和儀器的對照，發現天氣的變化，預見每月的特殊現象。比如某月將有雷鳴、地震；某月將有戰爭、衝突和陰謀。他們的預測結果，賣給那些想窺測未來的人。

因此郭守敬對《授時曆》的後續研究、總結著述，也是一場科學和巫術的賽跑。從至元十七年到二十七年十年間，他先後完成天文學系列論著不少於十四種一百零五卷，包括《推步》七卷、《立成》二卷、《曆議擬稿》三卷、《上中下三曆注式》十二卷、《時候箋注》二卷、《儀象法式》二卷、《二至晷影考》二十卷、《五星細行考》五十卷、《古今交食考》一卷、《新測無名諸星》一卷、《月離考》一卷等。

這些研究成果均上表奏進，敕藏於翰林國史院，後損毀或丟失散於元末戰爭。但它們的影響是深遠的，惠及日本、朝鮮、東南亞諸國及西亞，甚至歐洲。

通惠煙波

至元二十六年（一二八九年），大運河山東段改造——濟州河、會通河兩大工程全部完工。郭守敬十四年前提出的「裁彎取直」設想，終於成為現實，但他卻一點也高興不起來。要實現京杭大運河真正的南北貫通，還得打通從通州到積水潭一段，它的直線距離雖然只有五十里，卻是很難進行的地段，說白了，就是一個「水」字。大運河從南至北一路走來，不斷匯入新的河流，不斷設置閘堰，才保障了血脈貫通。

通州至積水潭一段屬於逆水行舟，更需要新的水源補給，否則人工鑿開的渠道，只能算是一條乾溝。為此郭守敬主動請纓，去為大運河找水！

至元二十八年（一二九一年）春，當《授時曆》編修工作進行到一個完整的節點，他奏請朝廷同意，再次進行大都水系考察。

實際上，這些年郭守敬圍繞大都水系建設，一直沒有停下尋找城市水源的腳步。根據大都的地理形勢，他的目光不斷投向京郊的西北部，從玉泉山到更遠處的昌平、延慶。二十幾年中，郭守敬對玉泉山西北幾十里範圍內的地質、地形、地下水等水文資料已經全面掌握。當開鑿京杭大運河最後五十里的設想浮出腦際時，郭守敬同時想到的還有一個叫白浮村的地方。

這天，郭守敬再次來到這個位於昌平縣的小村莊，在村口一棵高大的橡子樹下，有位老人家正坐著編蟈蟈籠子。眼尖的郭守敬馬上認出來，他就是幾年前帶自己找到神山泉的李老漢。

郭守敬治水、編曆的故事，早在村裏傳開了，所以再次見到這位神奇的「郭都水」，老漢份外高興。「你是來看那神泉的吧？走走，我帶你去。」說著，老漢便幫郭守敬背上勘察測量用的工具包，拉著他的手就往山上走。

一會兒工夫，倆人就到了山路的轉彎處，在一塊青黑的石板旁，泉水嘩嘩噴湧，正是那口神泉。老漢說：「這口泉太珍貴了，長年水流不絕，又旺又甜，周圍果木田園都靠它灌溉，好幾個村子的人家也吃這裏的水。就這樣還吃不盡，用不完。」

「記得你跟我說起，除了這口神泉，附近還有很多小的泉眼。」郭守敬邊測量、畫圖，邊跟老漢聊著。

「對呀，你說大都缺水，這裏的水可是多得很吶。」李老漢自告奮勇，要帶著郭守敬去察勘更多的泉眼。

他們從白浮村盤桓而下，循著山麓往西南方向走，隔不太遠便又發現一處泉眼。郭守敬一一記錄下它們的名字和位置：王家山泉、虎眼泉、一畝泉、馬眼泉、侯家莊石河泉、灌石村南泉、溫湯龍泉、冷水泉。

「這片草木豐茂的山場隱藏著如此眾多的甘泉。」郭守敬別提有多高興。這些泉若是單獨一個，不成氣候，但它們有群山滋養，四季不斷湧，平穩又豐沛。若加以開流導引，聚小流成大水，勢必非常可觀。

找到水，郭守敬心裏踏實了很多。經過反覆實地測量、計算，一個大膽的設想在郭守敬的腦中形成——開鑿白浮甕山河；治理甕山泊（今頤和園昆明湖前身），清淤，擴大湖面，在這裏建造京師第一座水庫。為迎接大運河進京，開發新水源！

「整體工程分為五部份，十四個工區。第一部份，建設上游引水工程：白浮甕山河。第二部份，擴建甕山泊。第三部份，擴建積水潭為終點碼頭和泊船港。第四部份，積水潭至通州通航水道的疏浚以及閘壩、橋樑建設。第五部份，在通州城北修築堰水小壩，使漕河改在城南張家灣與北運河相接，解決高差問題，實現漕運直航。」他興奮地連夜起草設計方案，奏報朝廷。

郭守敬的奏摺正合忽必烈的心思，很快，他就批准了開鑿通惠河的工程。

至元二十八年（一二九一年）十二月，恢復都水監。

至元二十九年（一二九二年）正月，「命太史令郭守敬兼領都水監事」。八月，忽必烈敕令通惠河工程開工。這天，忽必烈親自主持開工儀式，皇城東牆外（今北京南河沿大街），鑼鼓喧天，熱鬧非凡。

七十七歲的忽必烈，日日笙歌，豪飲暴食，已經肥胖到身體完全變形，出行必乘象輦。但他對京杭大運河的全線貫通，依然保持著極大的熱情。為了早日看到江南的運糧船直接開到大都，他甚至命令最信任的禁衛軍將領月赤察兒率領近兩萬人的隊伍參與開渠。

效法漢武帝堵塞黃河瓠子決口的做法，忽必烈命令丞相以下的官員全部自帶鐵鍬和盛土用的畚箕到現場助工，聽從郭守敬的指揮。總指揮兼總工程師郭守敬按照事先劃定的十四段工程區域，分兵派將，井然有序。

吉時將至，鑼鼓暫歇，禮炮沖天而起。在郭守敬等人的陪同下，忽必烈親自鏟下第一鍬土，熱烈的歡呼聲響徹整個京師。

從白浮村到甕山泊有六十多里的路程，修山間人工渠，必然要與天然河道、山溪交叉。郭守敬反覆勘測，這六十多里的人工渠需要十多次穿越溫榆河上游各支系山溪，以匯其流。因此，合理建造與山溪交叉的「水口」，攸關工程成敗。

「水口」怎麼修？這裏的學問可不小。郭守敬任都水少監之時，曾參與過「疏雙塔漕渠」。那條運河從通州沿溫榆河北上至雙塔河，以山溪為水源，因而修建了若干「水口」。但這項工程顯然做得簡單了，平素風清日朗，溪水沿著山石皺褶涓涓而來，入漕渠「水口」，馴順而平妥。不料有一次，都水監的人按中書省指示去考察時，正趕上一場暴雨。由於山雨匯入，原本安靜的溪水瞬間形成一股強大的勢力，裹挾雜樹、矮草、石塊、泥沙呼嘯而下，衝入漕渠「水口」，隨時要撞開對面的堤岸，一旦潰堤毀岸，後果無法估量。那一次的工程給郭守敬留下非常深刻的記憶，無論開哪種「水口」，用得好是利，一旦駕馭不住就是禍害。

這一次，按照郭守敬的施工圖，要在白浮村和甕山泊之間，首次實現山渠和溪流的十二次交叉。郭守敬總結西夏治水、疏雙塔漕渠以及開盧溝金口河的經驗，設計所有交又處，一律建「清水口」，修「自潰壩」。

這是一項高難度的任務，郭守敬找來同事高源和怯薛軍將領月赤察兒，又從分工白浮甕山河開鑿的四支工程分隊裏，抽調最精幹的工匠十二人、水工十六人、軍士八十人、山民二十人，先在王家山泉試驗施工。在郭守敬的指揮下，先在山溪入口修起較低的河堤，以保證溪水可以直接入渠，接著修建溪水入口對面，即下游方向的河堤。

這是一件極為費事的工程，需將荊笆裝上石塊推入溪流，確保荊笆整齊排佈，對接縫隙控制到最小，堆砌為一段荊笆裝石的堤壩，與兩側的實際河堤緊密接合。郭守敬事先已經安排山民採伐了許多荊條，編織成大小不等的荊笆籠。石頭是現成的，在工程正式開始前已經備妥，現場施工，並不費時，卻絲毫不可馬虎。郭守敬親自在現場指導，為工匠們講解「自潰壩」的施工原理：當山洪來臨，洪水會將由荊笆裝石籠修築的堤岸沖毀，形成缺口，順原河床迅速洩洪到下游。待山洪停歇，用不了多少人工，即可修復堤岸，漕渠恢復正常通水。這樣的「水口」施工技術，在導清水入渠時非常平穩，一旦洪水來臨即自行破壞，形成洩洪通路，被民間稱為「清水口」。

第一個「清水口」是試驗，也是培訓。月赤察兒和高源迅速安排參加第一個「清水口」工程的人員回到各自工區，確保所有「清水口」關鍵環節的品質和效率。

郭都水的巧思和縝密，讓所有工匠和官兵讚歎不已。

大都城區至通州的地形坡度很陡，為了控制水流以實現逆水行舟，郭守敬在全程設計了二十四座閘，每一座閘旁同時修造一座橋，以便人員車輛往來通行。每置一閘，郭守敬都要多次到現場指導施工，根據不同施工環境，將技術方案調整到最簡便，最有效。

至元三十年（一二九三年）七月，通惠河全線通水，京杭大運河全線貫通！

從白浮山泉引水堰開始，至通州張家灣與北運河相接，全程七十七·七四公里。總用工二百八十五萬、用鈔一百五十二萬錠、用糧三萬八千七百石，修建閘壩堤岸消耗木材十六萬三千八百章（根），銅鐵二十萬斤，白灰、桐油、麻、木柴若干。

令人驚歎的是，如此浩大而艱巨的工程，施工時間僅有十一個月。

當全線貫通的捷報傳至上都開平，忽必烈當即為之賜名「通惠河」。九月，忽必烈的巡幸隊伍銅鑼傘蓋、浩浩蕩蕩開進大都，只見終點碼頭積水潭上舳艫蔽水，岸邊亭閣相接，楊柳成蔭，好一派江南水景。

這次忽必烈帶來了一位特殊的官員——來自威尼斯的馬可波羅。在元朝，中央高官本來就是一個多民族的集群，高鼻深目者並不鮮見，但年輕英俊的歐洲小伙兒馬可波羅，還算是個異數。這位活潑的青年一見到積水潭浩闊的水面，馬上耍了個小聰明，讓侍衛在水邊為老皇帝的象輦洗澡。

大象一見到清凌凌的潭水，馬上把鼻子扎進去，過了一會兒，牠猛地揚起鼻孔，玩起噴水遊戲。忽必烈開心異常，當即決定開闢一個區域作為大象的浴場。後來馬可波羅回到他的國家，口述東方見聞，成了一部名著，也就是《馬可波羅遊記》。

那天忽必烈下達嘉獎令，封賞郭守敬及有關人員，這當中當然少不了他最欣賞的大將月赤察兒。他特地為馬可波羅介紹了這員將領：「這條渠若不是月赤察兒親自帶領施工，無法這麼快建成啊。」

對於忽必烈此言，郭守敬亦深以為然。在一次又一次組織指揮大型水利工程中，郭守敬愈來愈深切地體會到團結和合作的力量。

郭守敬老了，像一穗成熟的穀穗，愈加沉實、寬和而低調。

歸去來兮

郭守敬之於他所治理或開鑿的每一處河流，都不曾有過像同時代歐洲旅行家馬可波羅那般出於觀光享受目的的遊歷。對他而言，持續的研究和盡己所能加以利用和保護，就是全部。

至元三十一年（一二九四年），六十三歲的郭守敬拜昭文館大學士、知太史院，兼管水利、天文兩方面的工作。其實元朝並無昭文館，昭文館大學士只是一個虛銜，德高望重的元老重臣都得到過如此殊榮。

郭守敬的「地盤」只在水利和天文。元大都都水監設在積水潭東岸，西北兩面鄰水。廳堂三間，名善利堂，東西兩屋是官吏們辦公的地方。廳堂之後引來積水潭的水，種植荷花和紅菱。夏春之交，天清氣朗，閒來開窗遠望，水光千頃，西山碧透。

這是郭守敬晚年辦公地之一，這裏的房屋設計、庭院佈置，都是郭守敬的心血所成。後堂大沼的荷菱，也是這位水利官四處考察時帶回來的好品種。

在郭守敬拜昭文館大學士的這年正月，忽必烈駕崩，成宗鐵穆耳繼位。此後，他經歷了成宗、武宗、仁宗三朝皇帝。從成宗元貞元年（一二九五年）至仁宗延祐七年（一三二〇年），是元代最為安定、興盛的時期，郭守敬的人生也進入最為沖淡平和的歲月。

這個從來不放縱時間的人，依然讓工作把每一個日子填得飽滿而充實。元成宗大德二年（一二九八年），他主持修治通惠河口至天津的運河堤岸，完成靈臺水運渾天漏的研究製造。大德三年（一二九九年），疏浚壩河，展寬河道，以增加漕運量。大德六年（一三〇二年），修復壩河被洪水沖毀的六座壩。元武宗至大四年（一三一一年），通惠河上所建木閘陸續改為石閘。

這期間，郭守敬操心最多的，便是大都漕運管理和漕河維護。通惠河自通州至大都，載重的船隻一路逆水行舟，每前行一寸都需要拉縴的外力支持。通惠河縴夫有來自大都郊區的農人，也有沿著運河一路北上討生活的世代拉縴人家。除了人力拉縴，還有驢子拉縴，一時間，通惠河兩岸蓋起許多臨時的房子，阻礙了拉縴通行。

郭守敬沿河巡查，看到縴夫們拉著縴繩負力而行，卻只有窄窄的路，僅能容下一隻腳，既不方便使勁還非常危險，於是下令清理違法建築。他說：「凡是房屋佔用岸道，妨礙牽舟者通過，必須拆毀。」

按照城市節水行船的設計理念，大都壩河、通惠河的平均寬只有八丈二尺左右，閘口的寬度只有兩丈，因此漕船尺寸有明確限定，即八尺五寸寬、六丈長，只許一百五十料（一料，即一石，容重六十斤）。郭守敬規定：「違反者追究其罪責，沒收其船隻。」朝廷特命都水監郭守敬「兼提調通惠河漕運事」，為了漕運秩序和運輸安全，從不與人計較的「郭都水」，主持制定了十分嚴苛的制度。後來朝廷設立「通惠河運糧千戶所」，專管漕運，並派軍隊沿河巡視，沿用了都水監的規定。

漸入老境的郭守敬，頭腦非常清醒，樂於製造和改進各種計時器械，並且堅持著一貫的科學精神。

至元二年（一二六五年），他主持在盧溝開金口河，是為了將西山大量的料石和木材運抵京師，進行老城重修和新城建設而走的一步險棋。三十年之後，這條運河已經完成了它的歷史使命。

大德二年（一二九八年），盧溝洪水氾濫，為害百姓。郭守敬得到急報，立即和大都路商量，果斷關閉金口閘閘板。大德五年（一三〇一年），盧溝再次大水，郭守敬派人將金口以上河身全部用砂石雜土封閉。大德六年（一三〇二年）四月，郭守敬又主持修造盧溝上流石徑山堤，徹底封堵金口。

然而封堵金口一事，難免在官場內外引來閒話。

「什麼純德實學，看似木訥其實巧言令色，欺瞞朝廷。」

「揣度聖意而已。」

不中聽的話傳到郭守敬耳中，他只是一笑置之。

也是大德二年（一二九八年），成宗鐵穆耳在上都審定防洪方案，其中有一封奏摺提議在上都西北的鐵幡竿嶺下修建一條洩洪渠，往南通往灤河。就在他舉棋不定間，突然想到了郭守敬，於是立刻宣召這位六十七歲老臣。

郭守敬一到開平，先到鐵幡竿嶺一帶實地勘察，並仔細閱讀了往年山洪資料的卷宗，才去面見皇帝。他說：「依老臣分析，這裏的山溪平時流量不大，但每遇山洪爆發，溪水暴漲，凶猛異常，因此修洩洪渠時，要充分留出餘地，加大排洪渠道的寬度和大堤的厚度。渠寬至少要達到五十步至七十步（約八十至一百一十五公尺），否則十分危險。」

辦事官以為郭守敬這個老頭誇大其詞，在皇帝面前賣弄本事，故而實際修渠時，自作主張將郭守敬建議設計的渠道寬度縮減了三分之一。

第二年七月，突如其來的大雨襲擊上都，鐵幡竿嶺的洪水搶奪了山溪的路徑，嚎叫著衝進狹窄的洩洪渠，堤防瞬間四處潰敗，洪水沖走附近村莊的百姓、牲畜和房屋。鐵穆耳正與一群蒙古族臣子在山中狩獵，奔突的洪水險些沖毀他的行帳。

負責修建鐵幡竿嶺洩洪渠的辦事官也在狩獵的隊伍之間，眼見闖下大禍，主動請求治罪。鐵穆耳是個寬厚之人，見跪在自己面前的辦事官已經抖如篩糠，只得輕輕地嘆息道：「郭太史真是料事如神啊！只可惜，你不聽他的話！」

大德七年（一三〇三年），鐵穆耳根據中書省上奏決定：年滿七十歲的三品以下官員，各升一級之後辦理退休。

這些日子，郭守敬正在研製一座小巧精緻的報時儀，一個月裏，他大約有十天時間到太史院去。太史院離郭府很遠，他可以坐轎或騎馬，但轎子和馬，他都不習慣。跟年輕時一樣，他愛騎驢，每隔一段時間，星曆生們就會在太史院大門口看到一頭毛色黑亮的小毛驢，噠噠噠噠馱著一位鬚髮灰白的老者出現。

靈臺二層有郭守敬固定的房間，幾位年輕學子擔任他的助手，他們都是齊履謙的學生。退休政策下來後，郭守敬當即起草了一份奏摺，請求今上批准他退休。摺子寫完後，派人送走，他繼續安心打磨儀器上的一個小零件，彷彿什麼都沒有發生。

過了幾天，奏摺批覆：郭公是元老重臣，貢獻卓著，不批准退休。

消息一傳出，滿朝文武百官一片譁然，太史院的年輕人一路小跑著來向師祖賀喜。郭守敬正在安心打磨儀器上的另外一個小零件，他抬眼看看年輕人臉上充滿朝氣的笑容，又慢慢低下頭，進入他自己的世界。

仁宗延祐三年（一三一六年），一代天文、水利巨匠郭守敬與世長辭，終年八十五歲。從二十歲巧修邢州石橋算起，他為國家、為百姓工作了六十五年。

在家人和學生的陪伴下，一輛樸素的靈車載著郭守敬的遺體回歸邢台故里。郭村的土地再次擁抱了她這位傑出的兒子。

一郭守敬生平簡表一

一二二九年（蒙古太宗元年）

九月十三日，窩闊台被推舉為第二任大蒙古國大汗。

一二三一年（太宗三年）

花剌子模王國正式被大蒙古國滅亡。

八月，蒙古始立中書省，以耶律楚材為中書令。

八月，蒙古第一次入侵高麗。

一二三四年（太宗六年）

正月蒙古與南宋聯軍攻克蔡州，金朝滅亡。

一二三五年（太宗七年）

窩闊台決定在和林建都城，部署蒙古第二次西征。

窩闊台派軍兩路出師攻宋，宋蒙戰爭全面爆發。

閏七月，蒙古第三次入侵高麗。

一二三一年（蒙古太宗三年）

郭守敬出生。祖父郭榮，父母不詳。

一二三六年（太宗八年）

拔都西征（至一二四二年）。

一二三八年（太宗十年）

高麗高宗向大蒙古國請和。

莫斯科公國建立。

一二四一年（太宗十三年）

十二月十一日，大蒙古國大汗窩闊台暴斃，窩闊台攻宋之戰隨之中止，此後二十年維持宋蒙對峙的局面，窩闊台死訊傳到歐洲之後，正朝維也納推進的長子西征也在翌年停止。

一二四二年（昭慈皇后稱制元年）

拔都正式建立金帳汗國。

一二四四年（昭慈皇后稱制三年）

大蒙古國發動壽春之戰。

大蒙古國派兵二十萬出靈關攻打大理國。

一二四六年（昭慈皇后稱制五年）

八月二十四日，貴由登基，成為第三位大蒙古國大汗。

一二五一年（憲宗蒙哥元年）

蒙哥繼任蒙古大汗，任忽必烈總領漠南漢地軍國庶務。

大理國皇帝段祥興駕崩，傳位給他的兒子段興智。

一二五二年（憲宗二年）

旭烈兀率軍西征。

六月，忽必烈前往草原覲見蒙哥汗，奉命率軍征大理國，為繼續進攻南宋作跳板。

一二五三年（憲宗三年）

蒙古第五次入侵高麗。

八思巴建立西藏歷史上第一個政教合一政權薩迦巴。

一二五四年（憲宗四年）

一月二日忽必烈率大軍滅大理國。

一月三日，法國國王路易九世所派遣使節魯不魯乞到達和林晉見蒙哥。

七月，蒙古第六次入侵高麗。

一二五六年（憲宗六年）

夏天，蒙哥以南宋扣押蒙古使者為理由，對南宋宣戰。

旭烈兀在波斯建立伊兒汗國。

一二五一年（憲宗蒙哥元年）

成功修復邢州城北石橋，初顯水利才能。

一二五七年（憲宗七年）

蒙古第八次入侵高麗。

第一次蒙越戰爭。

一二五九年（憲宗九年）

八月十一日，蒙哥汗於四川合州釣魚城之戰被城上火砲擊傷（另有染病、落水之說）。

九月十九日，在四川的忽必烈異母弟末哥派來的使者向忽必烈宣佈蒙哥去世的消息，並請忽必烈北歸參與忽里台大會，以便爭取汗位繼承權。

十二月十七日，南宋宰相賈似道賈似道得知忽必烈會回師爭奪汗位，便私下派使者請和，忽必烈於是在當日撤兵北返。

一二六〇年（世祖中統元年）

一月中旬，金帳汗國全面入侵波蘭王國。

三月，旭烈兀的軍隊攻佔敘利亞阿尤布王朝的首都大馬士革。

忽必烈派兵護送高麗世子安慶公回國即位，即後來的高麗元宗。

五月五日（農曆三月二十四日），忽必烈在開平（後稱上都）自立為第五任大蒙古國大汗。

忽必烈封薩迦班智達的侄子及繼承者八思巴為國師。

九月，旭烈兀結束西征。

一二六四年（中統五年）

宋理宗趙昀去世，皇子趙　繼位，是為宋度宗。

一二六二年（世祖中統三年）

北上上都開平，提出六項水利工程建議。忽必烈授其「提舉諸路河渠」之職。

一二六三年（中統四年）

任副河渠使。

一二六四年（中統五年、至元元年）

疏浚西夏古代引黃灌渠。當地民眾為其立生祠。

一二六五年（至元二年）

十一月二三日，忽必烈祭祀太廟，為皇祖成吉思汗上廟號太祖。

一二六七年（至元四年）

二月二五日，至元四年正月三十日，忽必烈由上都遷都到中都，北京直到一三六八年都是元朝的首都，將上都作為陪都。

一二七一年（至元八年）

十二月十八日，元世祖發佈《建國號詔》，正式建立元朝，定都大都。

一二七三年（至元十一年）

三月十四日，襄陽守將呂文煥出城投降，歸順元朝，近五年元宋決戰之襄樊之戰結束。

十月二十四日，魯道夫一世被教皇格雷戈里十世加冕為神聖羅馬帝國皇帝，建立哈布斯堡王朝。

一二七四年（至元十二年）

第一次元軍侵日戰爭，又稱文永之役。

一二六五年（至元二年）

升任為都水少監。請求重開金口河，引永定河水通漕，得到朝廷批准。

一二七一年（至元八年）

升任都水監。

一二七四年（至元十一年）

修建金水河，引玉泉水專供皇城使用。

一二七五年（至元十三年）

荷蘭阿姆斯特丹名稱已出現於文獻。

宋恭帝改年號德祐。

鎌倉幕府為抵禦大蒙古國興建元寇防壘。

一二七六年（至元十三年）

二月四日，元朝軍隊攻佔南宋首都臨安（今浙江杭州）。

六月十四日，文天祥、陳宜中、張世傑、陸秀夫等擁立益王趙昰即位，是為宋端宗，改年號景炎，建立流亡朝廷。

一二七八年（至元十五年）

五月八日，宋端宗趙昰病死。

五月十日，陸秀夫等擁立衛王趙昺為帝。

五月二十三日，趙昺改年號祥興。

一二七九年（至元十六年）

三月十九日，崖山海戰，宋軍在海戰中被元軍擊敗，陸秀夫和幼主趙昺跳海而死，南宋滅亡，元朝統一中國。

一二七六年（至元十三年）

都水監併入工部，任工部郎中。參與修曆，主要負責天文儀器製造和天文測量。

一二七九年（至元十六年）

朝廷改太史局為太史院，郭守敬為同知太史院事。

朝廷敕令郭守敬進行四海晷影測量。

上奏各種天文儀器樣式，為忽必烈詳細講解其功能。

一二八〇年（至元十七年）
元朝為攻打日本在高麗建立征東行省。

一二八一年（至元十八年）
第二次元軍侵日戰爭，又稱弘安之役。
澎湖設巡檢司。

一二八三年（至元二十年）
忽必烈下令準備第三次征日，但因江南人民的強烈反抗與受挫而作罷。

一二八六年（至元二十三年）
元朝在擊敗蒲甘王朝後在緬甸置緬中行省。
匈牙利王國擊退金帳汗國軍隊。

一二八七年（至元二十四年）
元雲南王也先帖木兒、元將張萬等人率軍攻破蒲甘城，結束元緬戰爭。

一二八〇年（至元十七年）
新曆告成，忽必烈賜名《授時曆》。

一二八六年（至元二十三年）
繼任太史令。完成新曆研究整理工作。

一二八七年（至元二十四年至二十六年（一二八九年））
與都水監馬之貞一起，負責山東運河建設工程，工程為時兩年多，朝廷賜名會通河。

一二八八年（至元二十五年）

二月，波蘭王國擊退來犯的金帳汗國軍隊。

白藤江之戰，越南陳朝取得蒙越戰爭的勝利。

一二九一年（至元二十八年）

八月十九日，元廷設上海縣，標誌上海正式建城。

元世祖忽必烈指定蒙古卜魯罕部女子闊闊真到伊兒汗國和親，由泉州以海路出發。

方濟各會神父孟高維諾受教宗尼各老四世派遣，經海路抵達中國泉州。

一二九二年（至元二十九年）

元爪戰爭。

闊闊真抵達伊兒汗國。

一二九三年（至元三十年）

克塔拉亞薩在爪哇建立滿者伯夷。

金帳汗國大汗脫脫汗征俄羅斯。

一二九一年（至元二十八年）

考察永定河水利。引白浮泉水，開鑿通惠河。

一二九二年（至元二十九年）

朝廷命太史令郭守敬兼領都水監事。進行從通州至皇都的新漕河。

一二九三年（至元三十年）

新開漕河完工，忽必烈賜名通惠河。漕船駛入積水潭，京杭大運河全線貫通。

一二九四年（至元三十一年）

二月十八日，元世祖忽必烈去世。

五月十日，元世祖忽必烈皇孫鐵穆耳在顧命大臣伯顏等人的擁戴繼位，是為元成宗。

威尼斯共和國與熱那亞共和國爆發戰爭。

一三〇一年（大德五年）

元成宗撤銷高麗征東行省的行省建置。

一三〇二年（大德六年）

金帳汗國脫脫汗向元成宗上表稱臣。

一二九四年（至元三十一年）

拜昭文館大學士，兼管水利、天文工作。

一二九八年（成宗大德二年）

應詔至上都考察即將修建的鐵幡竿渠，並提出堅固堤防、加寬渠道忠告。關閉金口河下閘閘板，停止引水。

一三〇三年（大德七年）

元成宗鐵穆耳成功與察合台汗國可汗篤哇以及海都之子窩闊台汗國可汗察八兒講和，蒙古四大汗國共同承認元朝為宗主。

山西洪洞縣發生八級大地震，造成重大傷亡，大震後餘震數年不止，加之連續三年天旱無收，人民饑寒交迫，流離失所。

一三〇七年（大德十一年）

二月十日，大都政變，元成宗鐵穆耳去世，卜魯罕皇后下命垂簾聽政，命安西王阿難答輔政。

八月十七日，元武宗下詔加封「至聖文宣王」孔子為「大成至聖文宣王」。

一三〇九年（武宗至大二年）

窩闊台汗國可汗察八兒為察合台汗怯別所敗，逃入元朝境內，領土被察合台汗國和元朝瓜分，成為蒙古四大汗國之中最短國祚的汗國，僅八十四年。

元武宗為擺脫財政危機，印發至大銀鈔，導致至元鈔大為貶值。

一三〇三年（大德七年）

根據朝廷詔令，郭守敬提出退休申請。成宗以其官績卓著，不予批准。

一三一五年（仁宗延祐二年）

歐洲大饑荒。

一三一六年（延祐三年）

神聖羅馬帝國皇帝路易四世承認瑞士獨立。

一三一一年（武宗至大四年）

倡議改建通惠河壩木閘為石閘。

一三一六年（仁宗延祐三年）

郭守敬去世，葬於邢台縣西三十里的郭村。

嗨！有趣的故事

郭守敬

責任編輯：苗　龍
裝幀設計：盧穎作
著　　者：甯　雨

出　　版：中華教育
　　　　　香港北角英皇道 499 號北角工業大廈一樓 B
電　　話：(852) 2137 2338
傳　　真：(852) 2713 8202
電子郵件：info@chunghwabook.com.hk
網　　址：http://www.chunghwabook.com.hk

發　　行：香港聯合書刊物流有限公司
　　　　　香港新界荃灣德士古道 220-248 號荃灣工業中心 16 樓
電　　話：(852) 2150 2100
傳　　真：(852) 2407 3062
電子郵件：info@suplogistics.com.hk

版　　次：2022 年 10 月初版

規　　格：16 開（210mm × 148mm）
I S B N：978-988-8807-23-9

本書繁體中文版由中華書局授權出版